U0553510

猴面包树

父母
心理
通识课

给孩子
一生的
安全感

林紫

著

上海三联书店

鹤居九皋
向阳而鸣

——纪念我的外公马鹤鸣老先生

修订序

鹤居九皋

向阳而鸣

感恩所有读者和出版界老师的厚爱，感恩李娟老师，让《给孩子一生的安全感》这本书得以再版，让我有机会把更多的案例讲给大家听。

2021年，正值我的外公100岁寿诞，而这本书的诞生，与他老人家密切相关。

外公本名马怀清，字鹤鸣，曾用笔名"愚叟""皋阳鹤鸣"。他在世的时候，即使亲近如我，也从未想过去询问他笔名的来历，直到最近重新整理他的日记，才在家人微信群里展开了讨论来追根溯源。"愚叟"不言自明，很符合外公一生低调、自谦自嘲的风格，"皋阳鹤鸣"则充满了神秘——有的家人说："外公喜欢诗词，这个笔名应该就出自《诗经·小雅》'鹤鸣于九皋，声闻于天'。"有的家人则说："皋阳也可能是某个地方的别名，外公应该公派到那里工作过……"

我一边回应着大家，一边"且聊且珍惜"地将对话截图保存，因为，我发现——

虽然外公已经离开我们二十多年了，但他的睿智和慈爱早已穿越时空、触手可及，成为我们整个家族一代又一代人的安全感之源。"笔名"，不过是他留给我们的万千个安心"话头"和"机锋"之一而已。借着讨论笔名，天涯海角的亲人们瞬间联结，亲密而又各自独立，轻松而又深怀敬意。我保存截图，则是希望像外公一样笔耕不辍，为晚辈留下些许家族文化和心灵遗产，以便有一天，他们依然可以"踏花归去马蹄香"。

外公的日记本上，还有一瓣他的女儿、我的母亲留下的珍贵心香：

"天塌下来，有长汉子顶着。"这是父亲常说的话。父亲告诉我们，要做坚强的人，勇于面对困难，战胜困难。

在我很小时，遇到挫折，听父亲这样讲，我就不怕了。那时，我认为"长汉子"就是父亲，他会为我们顶住一切。慢慢地，我们长大了，懂了父亲这句话的含义。凭着这句话，我迈过了许多沟沟坎坎，在艰难困苦面前做一个顶天立地的人。

后来，我又常对孩子们讲这句话，"天塌下来，有长汉子顶着"，希望他们也做顶天立地、不怕困难的人——我觉得，这句话也深入他们心中了。

2009年2月16日 骥

2020年1月8日，母亲也在我为她进行的临终关怀下，安详地离开了我们。紧接着，疫情暴发，我与林紫团队的伙伴们立即投入了给医护人员和大众的心理援助之中，整整一年，热线咨询、讲座直播、撰写科普文章、接受媒体采访、录制用于隔离期间心理调适的音频……我没有一刻停留在丧亲的悲伤里。疫情给全世界人民的安全感都带来了巨大威胁，而疫情之中以及之后的心理重建，跟任何一个重大危机事件发生后一样重要。在心理重建的过程中，恢复得最快最好的，一定是内在安全感俱足的人。当我把这些想法告诉心理学专业出身的李娟老师后，李娟老师毫不犹豫地决定再版《给孩子一生的安全感》。作为母亲，我们都有一个同样的心愿：让更多的父母学一点心理学，让更多的孩子在生命之初得到专业与爱的滋养和庇护，以便他们可以从容应对人生中每一个特殊时刻。

常有人问我："林老师，为什么你经历了那么多不易，却仍然对人对事充满热爱？你的安全感来自哪里？"

我会半开玩笑地说："来自'长汉子'呀！这个'长汉子'，曾经是外公，后来是父母，现在是我自己。因为从小到大，我得到的太多太多，所以总想把得到的多分享一些出去，而这一辈子，可能都分享不完呢！因为分享不完，所以没有匮乏感；没有匮乏感，就想要多担当；担当得越多，安全感就越足！"

2007年，在上海市心理咨询行业协会（现已更名为上海市心理卫生服务行业协会）成立大会上，一位老领导打趣说："你们要小心，这个行业发展起来了，也会有竞争的哦！"我作为大会主持人和发言嘉宾，也打趣回复他说："有竞争常常是因为资源有限，而我们这个行业，最大的资源是专业与爱。专业与爱是无限的，所以，我们不怕竞争！"

感恩外公，感恩家族中的每一位长辈，是他们穿越时空的无限智慧与慈爱之情，照亮了这本书中的每一个字。我也愿"好将一点红炉雪，散作人间照夜灯"。希望我用心写下的文字，可以帮助更多家庭拥有爱与智慧，希望每个家庭都可以为后代留一份叫作"安全感"的巨额心灵财产，陪伴和温暖他们长长的一生。

写到这里，我对外公的笔名有了新的领悟——鹤居九皋，向阳而鸣。我们和孩子，一生中难免会有穿越"九皋"——沼泽之地——的时刻，只有内心安全感俱足，才能够向着阳光明亮的那方，且歌且行。

2021年10月22日初稿

（农历九月十七，外公诞辰日）

2022年12月4日修订

培养孩子内在的安全感
是送给孩子一生最好的礼物

原文写于2008年，MSN还"在世"的时候。时光荏苒，这几年，我就这个话题做了数百场讲座，讲给数十万家长听。每一场都看到很多朋友悄然落泪，不仅因为感动，更因为这个话题触碰到了年轻的爸爸妈妈自己的童年经历。想给孩子安全感吗？让我们先从自己的安全感建设做起。

有一天，我在MSN签名里偶然写下"培养孩子内在的安全感，是送给孩子一生最好的礼物"，对话框一个接一个跳出来，接连几天，不停地有人问："该怎么做呢？"提问的人，不是正做着妈妈，就是正被自己或身边人的不安全感困扰着。

缺乏安全感的人，害怕受伤，却总是伤害别人；

缺乏安全感的人，渴望信任，却从不信任何人；

缺乏安全感的人，牢牢地把一些东西攥在手里，唯恐失去，却往往和人生最宝贵的东西失之交臂；

缺乏安全感的人，越想要安全，越不得安全，内心深处无法跟任何人建立亲密的关系……

不是因为世界安全了，我们才安全，而是因为我们先有了内在的安全感，世界才能够渐渐安宁和安全起来。

给孩子安全感之前，先培养我们自己内在的安全感

亲爱的爸爸妈妈，我们给不了孩子百分之百安全的世界，但可以帮助他们培养内在的安全感，前提条件是：从建立我们自己内在的安全感开始。

做有安全感的爸爸妈妈，不是从此不食人间烟火、不

再有丝毫的恐惧和担心，而是能够清晰地觉知、观照并接纳生命的起承转合，任世间干扰纷纷，却始终能够"守住自己的中心"。

守住自己的中心，其实没有什么诀窍，只需要一颗安静的心，安静到你随时随地可以听见心跳、呼吸、风吹树叶的声音，可以透过都市的喧嚣，听见鸟语蛙鸣，甚至还可以听见月穿潭底和星星在夜空中眨眼睛的"声音"。这份安静，是每个人与生俱来的，只是后来渐渐被贪恋、嗔恚和痴迷所掩盖。

幸运的是，我们有了孩子——上天派来"拯救"我们的最好的生命教练。假如你发现自己的心已经很难安静了，不必沮丧，去看你的孩子，看他们吃饭就是吃饭、睡觉就是睡觉的小样子，看他们无遮无拦的眼泪和笑脸，看他们拉屁屁时候的专注与投入。

用心去看，让孩子带领你的心，很快你会发现：当你愿意放下自己多年来学到的某些自以为是的成人"伎俩"，愿意向你的小婴儿学习，修正自己在成人世界所沾染的某些不良习性……当你愿意这么做，亲爱的，你已经在培养孩子内在最深的安全感了。那份安全感，来自每个当下都被全然地接纳和欣赏，来自对生命无条件的信任与尊重，来自不被判断和怀疑的天人合一，来自身心灵三位一体的陪伴与呼应。

孩子是父母的一面镜子，父母越安宁安定，孩子越有安全感。而检验父母是否具备内在安全感的标尺之一，是看他们是否愿意把犯错的权利还给孩子，是否愿意让孩子去面对不完美却真实的人生，在风浪中展示自己与生俱来的抗干扰能力，直至"蝉噪林逾静"的美好境地，定能生慧。当你足够安定，你会创造出很多让自己和孩子都终身受益的培养安全感的方法。

越智慧、越简单，越简单、越智慧

谈到安全感，我心里总是充满感恩，感谢我的外公用他最简单的智慧给了我最深的安全感，让我可以把它传递给我的宝贝圆子和更多的人。在我心里珍藏着这样一幅画面——每个放学回家的下午，外公总是坐在那把摇椅上，面前放着一张小凳，等我坐在上面跟他讲述这一天的喜怒哀乐，他笑眯眯地捻着胡须，不悲不喜、不怒不惊，接纳我的全部情绪。多年过去，这幅画面仍未褪色，成为我取之不竭的心灵财富，让我无论经历什么，都不曾丢掉内心深处的安全感。

外公给我的安全感，还来自他豁达通透的生死观。5岁的时候，对生死刚刚开始好奇的我，曾经问外公："您死了我哭不哭？"外公依然笑眯眯地捻捻胡须，优哉游哉地说："你想哭就哭，不想哭就不哭喽！"很多年后，妈妈告诉我，外公在"文化大革命"时期被关进牛棚的时候，还挽救过很多想自杀的人呢。我骄傲地说："原来外公是我们家最早的'心理医生'！"就是这位"心理医生"告诉我，"吃亏就是占便宜""施比受有福""有人跟你吵架，你就帮他搬个板凳，倒杯水，请他坐着慢慢吵"，告诉我"吃得再好，也不过一日三餐；穿得再好，也不过春夏秋冬"。这些"告诉"，成全了我相对宁静的心，使我常怀对生命的感恩和热爱，少有时间和空间来滋生恐慌与焦虑。

有了女儿圆子，我想，我也会同样"告诉"她一些人生的感悟，也希望这些"告诉"能够为她的抗干扰能力增添一道滋养的彩虹。不仅是圆子，在这些年飞来飞去的岁月里，在朋友说"没奢望在地面上遇见你"的时候，我心里其实一直有个小牵挂：希望能够像此刻一样，静坐于荷莲清香之中，用心一个字一个字地写一本关于安全感的书，用我这20多年来积累的案例故事，"告诉"更多的爸爸妈妈：究竟怎样才能培养孩子的安全感，因为——

天下的孩子都是我们的孩子。

人生是一场无人可替代的修行，生活则是修炼心性的真经。跟我们的孩子们一起修行吧，愿你翻开这本书的时候，闻得见智慧花开的心香。

2016年7月21日
于林紫妈妈花园

注： 本书中所有案例均已隐去了来访者的个人信息，并对时间、地点等背景进行了加工和处理，以保护每位来访者的隐私。感谢每一位分享生命故事的来访者及分享心灵作业的学员们，愿更多的孩子在专业与爱的陪伴下，远离伤害，开放如花。

目录

第三章

谁在主宰影响孩子安全感的依恋模式

112

第四章

父母安全感重建，让我们与孩子一起从容成长

358

写在最后

370

第一章

谁动了孩子的安全感

我很希望大家能够想象着此刻我正肩并肩坐在你的身边，而你就像小王子，将要飞往许多未知的星球，探访许多像你或不像你的人物……最终，只为回到你自己这里。

缺乏安全感的父母
很难养育有安全感的孩子

什么是安全感？在回答这个问题之前，亲爱的爸爸妈妈或准爸爸妈妈，请先放下你们作为成人的"身段"，无论这个身段多么光鲜、带给了你多少光环、为你赢得了多少赞誉或资产，放下它，将自己放到孩子视线所及的空间里，只有这样你才真的有可能和我一起找到真正的答案。

所谓"答案"，很多时候是对成人而言的，因为如同《小王子》里所说，"成年人总需要别人对他们多加解释……大人们从来都是自己没有把事情弄明白，而老要我们小孩解释个没完没了，这真是特别累人的事"。然而在孩子的世界里，"答案"往往就是存在本身，与生俱来、一目了然、不增不减。

就像小王子，透过一只大人眼中的箱子，看得见自己想要的绵羊。每个人心中都曾经有过这样一个"小王子"，只是随着年岁的增长，渐渐地将他遗忘在了越来越急切和唯利是图的目标里。我们把看绵羊的时间用来不断向外寻找和占有，不断获取更多的证书、更高的职位和更丰厚的收入，以为这样才能让自己更安全。直到有一天，就像我的一位来访者一样，他站在华尔街摩天大楼的窗前俯瞰忙碌的人们，突然极度地恐惧，不知道自己生命的意义在哪里，不知道如果失去了日夜拼搏才得来的一切，自己还有没有勇气活下去。

向外寻找安全感，犹如缘木求鱼，结果往往让人更不安。所以，我想邀请大家跟我一起，唤醒我们心中的"小王子"——向内看，顺着孩子的视线看过去，在那里，有生命本身的答案和智慧。

感谢大家打开此书，与我一起开启一段特别的心灵养育与成长之旅。我很希望大家能够想象此刻我正肩并肩坐在你的身边，而你就像小王子，将要飞往许多未知的星球，探访许多像你或不像你的人物……最终，只为回到你自己这里。

这些未知的星球，就是我为大家整理的与安全感有关的真实案例。每个案例都关乎一个鲜活的生命，我们会在他们的生命故事里逐一穿梭、稍做停留，为的是理清自己和孩子们的人生脉络，绘制出贯穿孩子一生的内在安全感地图。

家族的集体无意识
影响父母安全感的建立

请先听我说两个小故事，让我们的头脑和心灵一同做好出发的准备——

第一个：母亲的力量

宙斯通知林中所有的动物，许诺给拥有最漂亮孩子的动物发奖。一只母猴子与其他动物一起赶到宙斯那里，她还带着一只扁鼻无毛、相貌丑陋的小猴子前来参加评奖。

当她把小猴子给大家看时，引起一阵哄堂大笑，有的动物还劝她赶快回家，别在这里丢人现眼。但她语气坚定地说："我不知道宙斯会不会将奖品给我儿子，但至少有一点我十分清楚，在母亲眼里，自己的孩子是最可爱的、最漂亮的、最活泼的。"

在读第二个故事之前，请先回答下面的问题：

1. 假如你是这只母猴子，你会怎么做？为什么？

2. 这个小故事与我们接下来要谈的安全感有什么关系呢？

第二个：上帝会来救我的

有一个人笃信上帝，他是最虔诚的教徒。有一天，他的家乡发了洪水，他的房子被水淹没了。他孤身一人站在房顶，洪水已经淹到了他的胸口，如果再不被救走，他就要被洪水淹没了。

这时，从上游漂下来一个木盆，木盆很大，足以支撑他的重量。他的邻居大声对他说："快抓住木盆！爬上去就不会淹死了！"他摇了摇头，坚定地说："没必要，上帝会来救我的！"

又过了一会儿，洪水已经淹到了他的脖子，这时候上游开来一艘救援艇，艇上的人大声对他喊道："快上来，上来就能得救！"他还是摇了摇头，信誓旦旦地说："不用了，上帝一定会来救我的！"

洪水越来越大，水位已经到了他的鼻子。这时候飞来一架直升机，抛下一条绳子。直升机上的士兵对他喊话："快抓住绳子，直升机会把你拉上来，你就得救了！"他倔强地摇头，艰难地说："不用了！上帝一定会来救我的！"

又过了五分钟，他被淹没在洪水中……

死了以后，他上了天堂，有机会当面和上帝对话。

他非常气愤地冲上帝吼道："上帝！我对你那么虔诚，那么相信你，为什么你不来拯救我，让我死了？！"上帝摇了摇头，无奈地说道："我忠诚的孩子，你这是冤枉我了。我救了你三次，第一次我派了一个木盆去救你，你放弃了。然后我又派了一条船去救你，你又放弃了。最后我派了一架直升机去救你，你还是放弃了。现在倒来怪我？"

同样有两个问题等待你的回答：

1. 有没有什么时候，你也曾深信某人会拯救你脱离困境，然而最终却陷入深深的绝望中？

2. 这个故事与我们接下来要谈的安全感又有什么样的关系？

当我开始在全国巡回进行关于内在安全感的讲座时，千奇百怪的问题纷至沓来——

林紫老师，我儿子2岁，听到玩具警车的声音就害怕，他是不是缺乏安全感？

林紫老师，我女儿从出生到现在3岁多了，外婆为了保护她的安全，24小时严密照顾，除了上早教班以外，从来不带她和小区里其他小朋友玩，也从来不去人多的地方，不参加危险的游戏，她是不是会比较有安全感？

林紫老师，我家宝宝在国外出生，他爸爸不能出国，为了一家团聚，我只有带孩子回国生活。为了给孩子一个安全的环境，家里绝大部分东西都是从国外带回来的，可越这样我越不安——我总不能把空气也买回来啊，怎么办？

……

大家有太多的问题，即使每一次讲座后大家都把我围得水泄不通，甚至一直跟到地下停车场或酒店房间，我也来不及一一回答，于是，我答应大家写本书，专门写给父母和准父母们看。就像每次讲座开场前我会说的那样——要想培养孩子的内在安全感，我们得先从自己开始，为自己的安全感打打分，问问自己："我是有足够安全感的父母吗？我能为自己的安全感做些什么吗？"

缺乏安全感的父母，很难养育出充满安全感的孩子，除非我们愿意和孩子一同成长。

一位10岁就已经学完了初中课程的天才小女孩，什么都好，却唯独在艺术课上遇到了难题。每次老师布置的绘画作业，她交上来的都跟别的孩子不同，确切地说，是都有点让人看不懂。女孩的妈妈美丽而年轻，在别的家长眼里，她们简直就是一对完美的母女。可是女孩的妈妈不这样想，她总是很难为情地说："我女儿的画，实在是……"我找了一个机会，悄悄地在她耳边说："那是'小王子'才懂得的画法哦……"妈妈明眸忽闪，若有所思，然后甜甜地笑了，说："谢谢您。"

其实，该感谢的，是每一个心里住着"小王子"的孩子。当你看完整本书，我也愿你如同小王子一样，从此拥有"透过盒子看见羊"的心灵力量。这种力量，其实是与生俱来的，只是许多人在成为父母的旅程中不小心将它遗失了。重拾这样的力量，我们才真的可以放下成人的身段，以孩子的视角来深刻了解安全感这件事。

不忘养儿初心

绝大多数的父母，在满怀喜悦、小心翼翼地将新生宝贝捧在手中的那一刻，几乎都怀着同样一颗热乎乎的"初心"：唯愿这个小生命一生平安、幸福、健康、快乐，至于其他一切，似乎都可以当作"浮云"。

　　然而，随着手中的小宝贝一天天长大，初心渐渐地变成了"妄心"，浮云也成了"乌云"——哎呀，别人家的孩子会叫妈妈了、会走路了、会自己大小便了，可是自己的宝贝还在咿咿呀呀、摇摇晃晃、24小时离不了纸尿裤；别人家的孩子会背唐诗了、跳舞获奖了，可是自己的宝贝还躲在妈妈身后，有演出时只当观众……

　　于是，爸爸妈妈越来越不淡然，养儿的方向开始摇摆不定，整天满脑子想的都是：现在都比别人差一截了，以后怎么办？现在不优秀，以后怎么可能一生幸福？

　　养儿的松与紧、慢与快、现在与以后、因与果之间，看起来似乎需要星际穿越一般遥不可及的探寻——其实，只隔着一点距离。

　　假如每个孩子出生时都自带一个罗盘，上面清晰地刻录着自己从婴儿到成年的快乐健康成长的路径，清晰地告诉爸爸妈妈自己此生的出发点和目的地，那么，是不是爸爸妈妈的育儿焦虑会降低很多呢？

　　又假如，爸爸妈妈们也自带罗盘，清晰地知道从初为父母到胸有成竹之间的必由之路，清晰地知道一代又一代人的人生路径不尽相同，那么所有的困惑、冲突和两难选择是不是会不复存在？

　　航行之人是否有安全感，取决于人们对自己选择的起点和终点是否无悔无怨。

　　所以，减少为人生路径不安的方法之一，是澄清自己的人生假设。假设不同，路径不同。如果你的人生假设是人必须有钱才幸福，那么，在尝试培养孩子财商的同时，也准备好接纳孩子随时可能有的颠覆性吧——没有一个孩子是父母的原版克隆，你怎么知道他不会正好是你这辈子极力压抑和逃避的另一半的自己？你怎么知道他的假设不会正好和你唱着对台戏？你又怎么知道你的人生经验不会恰好成为他发展的绊脚石？……因为你不是你的孩子，所以，亲爱的，允许他们渐渐地发展出他们自己的人生假设吧！

　　希望我们都能更好地从"初心"走向人生的目的地。

　　缺乏安全感的父母常有的人生假设——

　　1. 人必须有钱。

　　2. 人必须有用。

　　3. 人必须优秀。

　　4. 人必须强势。

　　5. 人必须完美。

6. 人在江湖，身不由己。

……

俱足安全感的父母常有的人生假设——

1. 天塌下来有长汉子顶着。

2. 儿孙自有儿孙福。

3. 那又怎样呢？

4. 示弱是一种美德。

5. 试错是天赋人权。

6. 一切皆如我愿，有些还会更好。

……

缺乏安全感的各种假设，想必大家都不陌生；俱足安全感的假设，却不一定人人有机会听说——

"天塌下来，有长汉子顶着。"这是我母亲小时候常听我外公说的话，这句话，支撑着她经受住了人生无数的风雨考验。她说："小时候，不管经历什么我都不怕，因为我觉得'长汉子'就是我爸爸。靠着这种力量，长大后，我发现我自己也可以成为'长汉子'，天塌下来都顶得住。"

  "一切皆如我愿，有些还会更好。"这是我很多年前在好朋友李骥的MSN签名中看到的。曾经是台湾演唱组合"优客李林"的一分子的他，如今是一位优秀的心灵导师，而这句话，让我听到了历经淬炼的他内在充足的安全感、对人生的全然接纳，以及满满的喜悦与希望。"皆如我愿"，不是没有遗憾和挫折，而是接纳所有的结果都源于自己的选择，不怨天尤人；"还会更好"，不是与人对比，而是参悟到所有暂时的"不如愿"其实都包含着超乎预期的生命大礼。

  更多的故事，我们会在后面的章节中慢慢分享，而此刻，我想要邀请你也写一写你的人生假设，这些假设交织在一起，就成了你内在的"定海神针"，让你成为现在的你。同时，这也正在或将要影响你的宝贝——你是不忘养儿初心，还是渐行渐远地背离？答案也许会一目了然。

我的人生假设：

  1. _____

  2. _____

  3. _____

  ……

构建你的安全感模型

有没有发现，你列出的各种假设，大多来源于家族中的代代相传？假如我们将自己的安全感建立在"必须有钱"之上，就可能会将陪伴孩子的时间用来挣更多的钱；假如我们将安全感建立在"必须优秀"之上，就可能会因为孩子的不够优秀而抓狂或感到挫败……

于是，出现了奇怪的悖论——我们越是想要努力给孩子安全感，就越是破坏了他们的安全感；越是希望孩子健康幸福，就越是不知不觉间逼他们走入一条既不健康也不幸福的死胡同。

就在写这些文字的时候，我收到了上海电台主持人白瑞老师的微信留言，她主持的一档节目接到一位在上海工作的香港企业家爸爸的紧急求助，说他品学兼优的女儿本来就读于一所国际中学，几个星期前突然不愿再去上学了，把自己关在房间里，一心只想离开这个世界……

白瑞老师说，听着一位管理上千名员工的优秀企业家在电话那端失声痛哭，因为女儿而手足无措，她真的很心痛。

这样的心痛，这些年我看到了太多太多。也正因为如此，我才会在做了20多年心理咨询之后，毅然又回过头来做"林紫妈妈花园"，面向父母做心理养育方面的教育工作。2016年年初，我曾在"父母学点心理学"微课的前言里写道：

好多好多年前，我还是林紫姐姐。一位16岁的"富二代"来访者，在咨询结束时噘着嘴说："我宁愿我的爸妈不是亿万富翁而是心理学家！"

好多好多年后，我成了圆子妈妈。我的女儿小圆子，在她5岁那年的春节许下一个心愿，说要"发明"很多很多的妈妈，送给那些没有妈妈的孩子……

于是，世上有了"林紫妈妈花园"——一个爸妈支持爸妈、爸妈陪伴爸妈的心灵之家。我们或许还不能"发明"很多很多的妈妈，但我们可以让更多的爸爸妈妈——

学点心理学；

了解孩子和自己；

善待孩子和自己。

就像2003年，我为"林紫义工团队"写下的宣言：

尽我们的力量，让世界少一分遗憾！

欢迎你，爸爸或妈妈，

世间美好，因为你在、我在、大家在。

世间美好，让我们从重新构建内在安全感模型开始。

为了便于大家理解，我先用下面这个简单的图来说明我们接下来要做的功课。

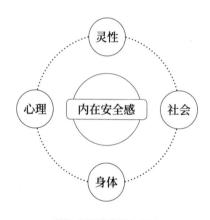

林紫, 内在安全感模型1, 2012

透过这个简单的模型，也许你已经大致了解了后面章节的逻辑：

一个人的内在安全感，与身体、心理、社会和灵性的安全感都相关。与身体有关的安全感，不仅是不受伤，还包括孩子换牙期的安全感建立、身体主权意识的保护，等等。

与心理有关的安全感，包含依恋关系、情绪性记忆、家庭系统、自尊、情商、心理弹性等。

与社会有关的安全感，包含冲突应对、内外向性格的适应、归属感等。

与灵性有关的安全感，则关乎生命的意义、面对生老病死的智慧等。

展开来看，你会发现无论在身体还是社会层面，似乎总有些外部的不安因素不在我们的掌控之中——天生的残疾或后天的疾病可能使一些孩子承受着比常人更多的身体挑战，而战争、天灾或政局的动荡，则使另一些孩子自幼便生长在不安的环境中。作为父母，除了心痛遗憾、慨叹命运的不公外，其实，还有机会从心理和灵性的层面给予孩子支持，将所有的不公转换为孩子可以享用一生的财富。

很想跟大家讲一个深深震撼我的真实故事——

2013 年年底，我应全球最大的早教机构的邀请，前往南方为数千位爸爸妈妈举办"培养孩子的内在安全感"讲座。课后，当地的朋友带我去了两座寺院，看望这两座寺院中收养的孤儿们。这些孤儿，大多是因为残疾或性别原因而被父母遗弃。

到达第一座寺院时已经是晚上了，住持师父和义工老师非常重视我们的到访，特地组织了孩子们和我们座谈。孩子们从3岁到15岁不等，充满爱心的师父们为他们提供了尽可能好的物质照顾和教育条件，不仅请了全职的老师为他们授课，还为孩子们做了长远的人生规划。18岁后，随孩子自己的意愿，他们可以留在寺里继续学习，可以到佛学院深造，也可以谋一份适合自己的职业。

尽管如此，孩子们的心里似乎仍有许多愿望无法被满足。义工老师说，孩子们常常会问："老师，你那么大了都有妈妈，我们怎么没有妈妈呀？""我的新年愿望，可不可以不要玩具，要一个妈妈？"……

为了更好地了解孩子们，以便提供有针对性的帮助，我们和孩子们做了几个简单的心理游戏。一位因为脑瘫而表达困难的男孩热切地望着我，努力地想要说些什么。我走过去蹲在他身边，终于听清楚他反复说的是："阿姨，抱！阿姨，抱！"我含着泪给了他一个大大的拥抱，他开心地说："阿姨，Thank you！阿姨，Thank you！"……

借着男孩的话题，我们问孩子们："有没有什么人是你想感谢的呢？"话音未落，坐在最后面的15岁女孩大声回答："我谁也不想感谢，因为我们得到的都是'他们'欠我们的！"那一瞬间，我的心中滋味万千，而所有的滋味里面，都包裹着无法言说的心痛，为这个小小的、倔强的、不安的生命。外部的给予，不足以抚平孩子内心严重的缺失感，这正是我这些年一直四处奔忙讲学，想要更多爱孩子的成人们了解的重要事项之一。

第二天，我们去了另一座寺院。与第一座寺院的金碧辉煌不同，这座位于偏远半山的有600余年历史的古寺显得格外简陋，屋舍年久失修，一位跛脚的义工正敲敲打打地造着什么。寺院门口，一株开花的古树安静而有力地生长着，雨中，花瓣掉落在石阶上，让人想起那句"你来或不来，我就在这里"。

50多岁的住持师父和孩子们一起住在一排类似宿舍的平房中。我们去的时候，正遇到一对善心夫妻带着二十几床棉被前来捐赠。师父请我们一同在小而简陋的佛堂里落座，还没讲两句话，善心夫妻就执意告辞，师父挽留未果，只好遗憾地目送他们一边打着电话一边匆匆匆出门去了。师父惋惜地摇着头说："其实我要讲的话对他们很重要啊，很希望他们留下来一起听听。做善事，不是送多少东西啊，多余的东西是害人的啊。我的孩子们，我一直让他们保持'衣穿三分寒，饭吃七分饱'，因为多出来的部分都是喂养贪心的啊！有人不理解，说我不给孩子们吃饱穿暖，那是大家没有耐心听这么重要的道理！希望你们来，不是代替他们洗衣做饭，而是教会他们自己去做；不是给他们各种诱惑污染他们的心，而是传播善知识，让他们承担起他们自己的人生功课。我的孩子们，4岁的可以给1岁的喂饭，5岁的可以给3岁的洗衣，个个都很好！"

午餐时分，我们去后院看望孩子们。如师父所说，年纪大一点的孩子正在喂小一点的孩子吃饭，已经吃好饭的孩子有的在洗碗，有的怡然自得地坐在一边，嘴里还唱着听不清歌词的歌曲。坐着的都是重度残疾、行走不便的孩子，看见我们，他们无一例外开心地笑起来，眼神清亮，笑容干净得仿佛世间从来不存在任何苦痛一般，虽然几乎所有的孩子都有着不同程度的残障问题——有的兔唇、有的脑瘫、有的身体畸形……

有几个孩子有精神或智力问题，大一点的孩子就陪着他们做游戏，避免他们出危险。

义工阿姨正在照料一个出生才5天的男宝宝。宝宝还躺在被遗弃时的小纸箱里，有着祖传医术的阿姨用特制的萝卜水和奶粉交替喂养他，让他从最初的半身乌紫恢复到正常血色……

读着这些的时候，我不知道大家会不会跟我一样，恍如置身到小说才有的情境中。虽是满目残缺，可满心都是安宁。那一刻，我突然明白了几年前这里发生过的一个插曲：曾有善心的医生希望为孩子们提供身体矫治，可是师父并不热情响应，一时间非议四起。原来，有所非议是因为，很多时候，我们没有觉察到自己的"善心"背后或许隐藏着"分别心"，隐藏着因为觉得别人"不够好"而想要妄加改造的心；而在师父眼里，全然没有"残障"与"健全"的分别，每一个"他的孩子"，都是值得被尊重和接纳的完整生命。

因为被全然地尊重和接纳，所以，这里的孩子，尽管身体的残障程度更重，可心灵的满足度和内在的安全感却更高。在外界眼里，也许他们缺失了太多，可是当你跟他们在一起时，你唯一能够感觉到的，却是知足和圆满。

说这两座寺院的故事给大家听，并不是想要评判哪个更好或更对。事实上，我对两座寺院的师父们都无比崇敬，感恩他们无私的奉献和努力。7年后的2020年，我才知道：原来外公的妹妹、我的姑婆德修师父（姑婆原来是老师和书画家，退休后潜心修习佛法并出家，法号"释德修"），也曾到访第一个寺院，并为寺院留下了书法墨宝"客堂铭"。然而第二座寺院，在我带着圆子和送给孩子们的读物再次拜访时，已跟第一次去时不大一样了——孩子没有之前那么多了，义工阿姨倒是多了几个，正坐在太阳地里有说有笑地洗菜洗衣。住持师父听我说起当年的情形，连连摆手说"没有啦，没有啦"，然后笑眯眯地招呼我们坐下、喝茶，不再言语。我端着茶碗，一时恍惚在梦里，仿佛真的什么都不曾发生过。原来，所有的回访都不过是刻舟求剑，生活自会涓涓向前。止语喝茶，看着夏日的云淡风轻，我想起了老和尚与小和尚背少女过河的故事——显然，师父这位老和尚把"少女"背过河后便早已放下了，而我这个"小和尚"，却分明还在执着地背负着已经"过去了"的过去。不仅背负，而且还陶醉在背负的感觉里，岂不像极了孩子已经长大、自己却还停留在原地的父母？

与这段故事有关的另一个正在发生的故事是，远方城市里的一位妈妈，几年前偶然读到《给孩子一生的安全感》，深受触动，于是自发地组织了读书会，邀请身边的妈妈们一起读这本书。妈妈们都在读书会中得到了巨大的成长和支持，而她，则开始面对作为组织者的管理压力和冲突。她给我留言说："林老师，我最近遇到一个困扰，特别想向您请教。读书会开始时我没想过什么商业和运营模式，就是希望家长们能够沉浸式地长久学习成长。慢慢地人变多了，我就租了费用不高的场地，虽涉及费用等问题，但我的初衷没变。在《给孩子一生的安全感》里，给我印象最深的是您举的两个寺院的例子。我跟大家开玩笑说，读书会没啥商业模式，顶多算第二种寺院模式，让我最骄傲的是每位妈妈都在为这个'庙'做贡献。我希望每个妈妈都能有真正的收获，孩子也能感受到变化。这不单单是一两次课的事，我要坚持，做一个长期的读书会，但现在的问题是，很多人更希望马上看到效果，得到答案，而不是慢慢成长、长期陪伴。我在跟自己做斗争，同时面临着长期与短期、公益与商业的困扰。如果家长们长期学习，招生就有困难：很多人说读书还需要钱吗？如果太商业化，我既内心拒绝也没能力进行商业运作。我就想在这个浮躁的时代，踏实地一步一步走。

这几年，我看到家长只有明白了各种'育儿方法和技术'背后的底层逻辑，才能让孩子变好，而不是盲目地上这个班那个班，但是，我又不知道如何面对前面提到的冲突，该怎么办呢？"

我回复她说："辛苦了，我非常理解这个阶段的困难和做这件事的不易。事实上，当我们选择了第二座'庙'时，也就同时选择了'少有人走的路'，能够进行同频共振的人可遇不可求。所以我想，唯一的通路是：做自己能做和想做的，不勉强自己，不超负荷'运作'，不期盼所有人的理解和认同。"

这位妈妈的回复很快又发了过来，说："谢谢林老师，看完您的回复，我被打动了，好久没哭了……正因为有几个妈妈无条件信任我、支持我，我才相信一步一步走，总会有未来。现在遇到了困难，我最担心的是辜负她们，所以压力变大了。'做自己能做的和想做的，不勉强自己'，我学到了。"

我说："支持你！慢慢走，其义自现。"

她说："嗯嗯，慢慢走，记初心。"

一年之后的今天，我给她发了个信息，想邀请她和读书会的妈妈们为读者们写一写自己的读书心得，也想通过这种方式鼓励和支持她。然而，令我意外和心疼的是，她告诉我，自己查出了乳腺癌并已发生骨转移，已经手术并化疗了三次。她说："这对我来说是个考验，老天突然给我按了一个暂停键，让我停下来好好'修'一下。幸运的是，读书会的妈妈们在我生病的时候，经常来帮我做饭、照顾我。这次的困难，让我再次坚定了之前的选择。我看到了那个'小庙'的温暖，也希望自己能在这次病痛中领悟到更多。"

我隔空拥抱了她，说："嗯，对于向内探索、渴望更高智慧的人来说，身体的疾病是一条宝贵的修行途径。暂停一下，才会有更深的领悟。这也是我的个人体悟，分享给亲爱的你。二十几年前，我也做过多次化疗，医生给我的诊断是'比癌症还麻烦，分不清早中晚期'。听起来挺可怕，但幸运的是，我不但没被医生的话吓倒，反而索性把每一天都当作最后一天来过，然后发现——在疾病中，我们离生命的本质更近。衷心祝福，我们一起精进。"

征得这位妈妈的同意后，我将我们的对话写进修订版里，也是想借着"寺院"和这位妈妈的故事，与正在读本书的您结一段"慢慢走，其义自现"的善缘，一边陪伴孩子成长一边不断地自我觉察和观照，该背负时背负，该放下时放下。

我很希望，当我说着这些听上去不太平凡的故事的时候，你的心也在认真地听着，并且可以透过看起来比较出世的画面，获得关于内在安全感的入世启示，那就是——

在基本的生存需要已经得到满足的前提下，内在安全感就不再与我们从外部获得多少物质相关，相反，它是一种可以由内而外从容给予他人的力量感。所以，想要培养孩子内在安全感的爸爸妈妈，也许我们要做的不是牺牲陪伴的时间，殚精竭虑地去为他们创造更好的物质条件，而是带着智慧，用心读懂他们成长的每个重要瞬间。

读懂，可以弥补无法时时陪伴的缺憾。圆子1岁多以后，我出差越来越频繁。为了减少对她的影响，每一次我都会跟她玩"出差游戏"：先在小白板上画出"大公鸡地图"，然后找到妈妈要去的城市并点个点儿，再将点和点连线，最后在旁边写上妈妈出发和归来的日期。小小的圆子虽然还没有时间概念，可她知道，每天打个钩钩，打完了妈妈就回来啦。简单的游戏却可以提升母女间的联结感和圆子对"妈妈出差"这件事的参与感、可控感。圆子再大点的时候，我们又加上了"藏宝游戏"：我出差前，先画好几张藏宝图，然后圆子每天找一个宝贝出来，找到最后一个，妈妈就回来了……

这些即兴的小游戏，不知不觉间也悄悄地在圆子心中藏下了"宝贝"，时不时就会给我一个大大的惊喜。比如，圆子5岁半时，一天早上突然认真地对我说："妈妈，如果泥菩萨过河，我们就保佑他！"

那一瞬间，好似醍醐灌顶，羞愧而又骄傲。羞愧的是，身为大人的我们，只知道挖苦泥菩萨过河"自身难保"，却怎么从没想到主动去保护菩萨呢？骄傲的是，功夫不负有心人，小人儿的内心已经储备了大大的能量！

就像小王子看到盒子里的绵羊一样，有安全感的孩子能让我们看到人生更多的可能性。

三分寒和七分饱的智慧，从某个角度来说，已经是与灵性有关的安全感，愿更多的爸爸妈妈参透。

回到心理学上来看，或许可以再用下面这个稍微学术一点的模型来帮助大家更系统地了解一下——

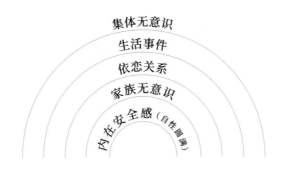

集体无意识
生活事件
依恋关系
家族无意识
内在安全感（自性圆满）

林紫, 内在安全感模型2, 2012

上图这个模型，可以形象地表达林紫机构20多年来的理念："专业与爱，让每个生命都如花开放。"——内在安全感的培养就像一朵莲花次第开放，第一层打开的花瓣叫作"家族无意识"，帮助我们重建安全的家族心灵道场；第二层打开的花瓣叫作"依恋关系"，帮助我们重塑安全的亲子互动模式；第三层是"生活事件"的盘点，帮助我们重写安全的人生定义；最后一层打开的花瓣叫作"集体无意识"，帮助我们透彻地了解我们赖以生存的族群及文化，了解这种文化如何影响着我们的安全感，进而发展出更好的人生适应策略。当所有的花瓣都能以健康的方式打开，充足的内在安全感就会像禅宗所说的"自性"，圆满俱足地呈现出来。

当一个人拥有完全的内在安全感时，也就是回归"自性圆满"的状态之时。这个过程很像瑞士心理学家荣格所说的"自性化"。

很有意思的是，中国人常常以为心理学是西方的舶来品，而西方的心理学家们，却很早就开始从中国文化里找寻心灵智慧和疗愈秘籍。弗洛伊德的学生荣格，就是第一个研究"自性"的心理学家。他所创立的分析心理学认为：一个人的一生就是自性化的过程，是一个最终成为自己，意识到自己的独特性，同时又接纳自己只是芸芸众生中一分子的过程。

从这个角度来说，其实帮助孩子培养内在安全感的过程，正是自己修行的过程。我常半开玩笑半认真地说："孩子是来度我们的菩萨。"这尊小菩萨，引导我们由家族无意识的探索开始，通过依恋关系类型的调整，穿越生活事件的考验，最后在特定的集体无意识和文化的影响下，安放好我们的内在安全感，回归自性圆满。

相比"自性"而言，"安全感"这个词要通俗得多。女生跟男生分手，使用最多的理由之一就是"你让我很没有安全感"。被分手的男生这时往往会忍住心痛，疯狂追问："那你要我怎么做你才能有安全感？你告诉我啊，我改还不行吗？"

——坦率地说，还真不行。

没有安全感的女生，无论男生多么努力，都可能只是无济于事、杯水车薪。反之，亦然。

写着这些文字的时候，一位文化圈的朋友在微信上咨询："一个单身男士，对身边的女性追求者来者不拒。他知道她们的心思，也知道自己看不上她们，嫌她们不够性感、不够有气质……但又很愿意与她们保持暧昧的关系，于是，这些女性有的成了他的债主，有的为他的工作忙前忙后，有的则包揽他的衣食住行……看起来很热闹，可他心里仍然落寞得很，总是感叹，这么多年了，始终没有遇到配得上自己的好姑娘。这是道德问题还是心理问题呢？"

仅仅根据只言片语来对一个人妄加评论，这不是我的风格，但这一次，我浓墨重彩地分析了一把，告诉朋友"听起来像典型的自恋型人格障碍，至少有这个倾向"。这么说，是希望更多的人可以像这位朋友一样，放下对"渣男"们简单的道德评判，更好地从心理层面上了解他们，学会与他们的相处之道。道德评判帮不到"渣男"，也保护不了女性自己，因为"渣"的原因，往往是因为童年没有建立起良好的内在安全感。

自恋型人格障碍者的童年，往往不是得到过度的爱就是太缺乏爱，而这两者恰恰都来自不安全型的依恋关系。因为缺乏安全感，所以成年后，他们将自己的安全感建立在寻找尽可能多而非尽可能深入的亲密关系上。无论得到多少爱，也无法填补他们内心那个巨大的黑洞。在关系中，无论对方多优秀，也无法得到他们的爱，因为除了自己以外，他们无法爱上任何人。

没有人天生想成"渣"，更没有父母刻意地想让自己的孩子成"渣"，那么罪魁祸首在哪里呢？答案是：缺乏智慧的家庭养育方式，而这样的养育方式，往往来自家族的无意识。

◉ 家族无意识

先来看看什么是"家族无意识"。

很多年前，我听过一位台湾女作家的电台访谈。女作家说，有一天她的小女儿问她："妈妈，为什么你每次做饭的时候，总要把切下来的第一片肉扔掉呢？"女作家大吃一惊，因为她居然从来没想过这个问题，甚至都没意识到自己每次的"扔掉"行为。她认真地回想之后找到了答案，于是告诉女儿："因为我的妈妈就是这样做的。"

"可是你的妈妈又为什么要这样做呢？"女儿又问。

女作家也不知道，于是带着女儿的问题问了自己的妈妈。妈妈想也不想地回答："因为我的妈妈就是这样做的啊！"

时间久远，我已记不起这位女作家的姓名，可是这段有趣的故事，却常常在我有需要的时候被想起，每想起一次，都让我会心地笑一次。

扔掉肉而不知为何，这是一个看得见的无害的"家族无意识"表现。然而更深的家族无意识，则往往隐藏在一系列家庭问题甚至是疾病之后。

一对夫妻，结婚十年，双方身体各项功能完好，没有任何器质性病变，可始终怀不上孩子。最近一次终于怀上了，却又遗憾地没有保住，妻子很痛苦。在数次咨询后，夫妻终于找到了孩子不肯降临在他们生命之中的原因。原来，妻子内心深处一直对当妈妈怀着莫名的恐惧和抗拒，而这份恐惧与抗拒，来自曾外祖母当年的一段难产经历。当年，曾外祖母在丈夫去世后带着年幼的外祖母改嫁到张家，怀上了张家的孩子后却难产去世。好在继父待外祖母极好，她也渐渐地忘了丧母之痛。巧的是，数十年后，外孙女给她领回来的孙女婿又姓张，于是，家族里积压了半个多世纪的无意识被突然扰动——潜意识里，外祖母一直觉得是张家害死了自己的母亲，可又不得不随继父改姓张，所以内心一直有说不出口的冲突和内疚，"孙女绝不能为姓张的人家生孩子"就成了她情绪释放的唯一出口。生孩子变成了危险而且罪过的事，虽然外祖母从未意识到这一点，但这一点所引发的紧张情绪却在家族中迅速蔓延，变成巨大的生育焦虑和恐惧，弥漫在外孙女的生活中。

打开了家族心结，又经过一年多的身心调养，夫妻俩终于有了自己的孩子。

每个家族有每个家族的无意识。这些代代相传的无声信息，交织成了孩子最早生长的心灵环境——在孩子来到这个世界之前，就已经影响着他们的安全感了。

现在，我想请你回想一下，在你的家族中，有没有什么奇怪的规则或习惯呢？有没有一些无法解决的困难和挑战？打开它，看看背后有没有什么被遗忘的重要信息吧！理清这个部分，我们才能更好地进入第二个元素——依恋关系——的探讨。

◉ 依恋关系

我常问我的来访者两个问题：从小到大，谁是你最亲密和信任的人？当你有了困难需要帮助，你会第一时间向谁求助？

我的一位来访者，掌管着家族企业，却是严重的社交恐惧症患者。父亲在他的童年生活中几乎完全缺席，他则一边试图扮演母亲的保护者角色，一边继承了母亲忍气吞声的处事方法。在所有的关系中，他要么委曲求全，要么就"一言不合，小船说翻就翻"。谈到上面的问题，他总是摇头又摇头。直到有一天，我们讨论到将要进行户外团体心理活动的营地有只大狼狗，他的眼中突然放出光来，脸上也绽放出不同寻常的笑容。我立即顺着这条线索追问他想到了什么，他说："我想起了小时候，唯一一次和父亲最亲近的记忆，他让我搂着他的脖子学游泳……虽然只有一次，但是，真的很温暖。那个时候，旁边就有一只大狼狗。"

我在他的回忆中感动，因为，这样一份不同寻常的联结——大狼狗，变成了温暖依恋的象征，在很多年后，帮助一个童年缺失了安全依恋的大男孩重新找回自我疗愈的机会。

也许你会说，他不是还有母亲吗？母亲不是一直陪伴着他吗？没错，很多缺乏安全感的人，其实都父母俱全，然而"俱全"的父母却不一定懂得如何与孩子形成健康的依恋关系。父母往往不是爱得太用力，就是爱而不作为。当孩子在人生第一份亲密关系中无法获得安全、信任与力量时，未来的岁月无论在别人来看多么成功辉煌，他们的内心都将始终"百年孤独"，难有幸福可言。

所以，请用同样的问题问问自己："从小到大，谁是你最亲密和信任的人？当你有了困难需要帮助，你会第一时间向谁求助？"

如果你能够很快找到非常确定的答案，那么恭喜你，你可以比没有答案的朋友更好地应对接下来的话题——生活事件。

◉ 生活事件

人生是由一连串大大小小的事件组成的。同样的事件可以成全一个人，也可以毁了一个人，关键在于这个人是否有足够的心理弹性。

心理弹性来源于安全的依恋关系，反过来又可以在经历重大生活事件时保护内在安全感不被破坏，帮助人们更好地完成心理重建。

2008年5月12日，汶川大地震发生。林紫机构的80余位专业志愿者，自5月16日起分批前往灾区，进行为期三年的心理援建。陪伴灾区百姓从早期的帐篷搬入安置板房之后，我们不断被身边的正能量所感动和激励——尽管几乎家家都有伤亡、人人都无家可归，但仍有人在安置房的窗前摆上盆栽植物，有人用结婚照点缀简陋拥挤的临时房间，有人悉心喂养抢救出来的小鸟，有位老人，每天黄昏都在安置社区的门口拉小提琴……有一对60多岁的残疾夫妻，在地震中失去了18岁的独子，孩子留下的一双球鞋成了他们最珍贵的财产，他们却依然相互鼓励，还鼓励着同样失去孩子的父母，并拒绝政府的残疾补助。他们说："我们不可能再有孩子了，但我们还有彼此；我们虽然残疾了，但靠自己的能力还是可以养活自己的！"

那段时光，其实是对彼此的陪伴和滋养。在这些刚刚经历了巨大创伤性事件的人们的身上，我们看到了生命的力量和人性的至善之美，看到了心理弹性如何帮助人们渡过如此艰难的考验。

相反，这些年，我们也看到了太多因为"被老师批评""夫妻吵架"或者"考砸了"而放弃生命的令人心痛的案例。因为心痛，所以更想帮助大家早做预防，在一切都还来得及的时候，好好提升心理弹性。

生活事件可以分为正性和负性。如果一个人在短期内不断经历负性事件的打击，心理弹性的恢复就需要特别的关注和呵护。此外，看起来是正性事件的事，有时候也会成为心理疾病的触发点。最常见的例子是"升学"或"升职"后的抑郁——看起来明明是件好事，但当事人潜在的心理问题却因为"不配得感"而瞬间加剧。

另一种情况是，生活在很短的时间内频繁发生变化。即使这些变化都是"好事情"，也容易导致心理压力的增大。有一位8岁的小来访者，他的父母一直在为了"给孩子更好的生活"而奋斗，家里经济条件也的确越来越好，于是，在半年多的时间里，乔迁豪华别墅、转入国际学校、换了外籍保姆……看起来一切都在"升级"，可孩子突然开始频繁生病，脾气也越来越暴躁，动不动就摔东西、打人，急起来甚至还会用头撞墙。父母又是找人看风水，又是斥责孩子"身在福中不知福"，却不知恰恰是这些来得太急促的"福"压倒了孩子，没有给孩子留出足以应对变化的适应时间和心理支持。

所以，讨论安全感的建立，除了早期的基础培养外，还需要懂得在不断发生的生活事件中不断自我修复和养护。作为父母，洞察孩子在这些事件中的真实感受和反应，就成为必修的基本功。

 练习

1. 回忆自己从小到大经历过哪些重大事件，问问自己：这些事件都对自己造成了怎样的正面或负面的影响，有没有增强或减弱自己的内在安全感？

2. 对照下面的"生活事件量表"(LES)，进行自我检测。

首先，请认真地读一读下面这段指导语。

下面的表格里，列出了每个人都有可能遇到的一些日常生活事件，究竟是好事还是坏事，可根据个人情况自行判断。这些事件可能对个人有精神上的影响（体验为紧张、有压力、兴奋或苦恼等），影响的轻重程度是各不相同的，影响持续的时间也不一样。请你根据自己的情况，实事求是地回答下列问题，按事件的影响程度、发生次数和持续时间分别给予记分。

影响程度分为5级，从没有影响（0分）到轻度（1分）、中度（2分）、重度（3分）、极重影响（4分）。

发生次数为每次1分，一过性事件，如流产、失窃等，记录发生次数；长期生活事件，如住房拥挤、夫妻分居等，不到半年记为1分，超过半年记为2分。

影响持续时间按三个月内（1分）、半年内（2分）、一年内（3分）、一年以上（4分）进行记分。

生活事件刺激量的计算方法：

1. 某事件刺激量=该事件影响程度分×该事件持续时间分×该事件发生次数

2. 正性事件刺激量=全部好事刺激量之和

3. 负性事件刺激量=全部坏事刺激量之和

4. 生活事件总刺激量=正性事件刺激量+负性事件刺激量

生活事件量表（LES）

事件类型	事件名称	性质		事件发生次数			影响持续时间				精神影响程度					得分
		好事	坏事	一过性事件（1次1分）	半年内（1分）	半年以上（2分）	三个月内（1分）	半年内（2分）	一年内（3分）	一年以上（4分）	没有影响（0分）	轻度影响（1分）	中度影响（2分）	重度影响（3分）	极重影响（4分）	
生活事件	1. 恋爱或订婚															
	2. 恋爱失败、关系破裂															
	3. 结婚															
	4. 自己（伴侣）怀孕															

（续）

事件类型	事件名称	性质	事件发生次数	影响持续时间	精神影响程度	得分
生活事件	5. 自己（伴侣）流产					
	6. 家庭增添新成员					
	7. 与伴侣父母不和					
	8. 夫妻感情不好					
	9. 夫妻分居（因不和）					
	10. 夫妻两地分居（工作需要）					
	11. 性生活不满意或独身					
	12. 伴侣一方有外遇					

（续）

事件类型	事件名称	性质	事件发生次数	影响持续时间	精神影响程度	得分
生活事件	13. 夫妻重归于好					
	14. 超指标生育					
	15. 本人（伴侣）做绝育手术					
	16. 伴侣死亡					
	17. 离婚					
	18. 子女升学（就业）失败					
	19. 子女管教困难					
	20. 子女长期离家					

（续）

事件类型	事件名称	性质	事件发生次数	影响持续时间	精神影响程度	得分
生活事件	21. 父母不和					
	22. 家庭经济困难					
	23. 欠债一万元以上					
	24. 经济情况显著改善					
	25. 家庭成员重病、重伤					
	26. 家庭成员死亡					
	27. 本人重病或重伤					
	28. 住房紧张					

（续）

事件类型	事件名称	性质	事件发生次数	影响持续时间	精神影响程度	得分
	29. 待业、无业					
	30. 就业					
	31. 高考失败					
工作学习中的问题	32. 扣发奖金或罚款					
	33. 突出的个人成就					
	34. 晋升、提级					
	35. 对现职工作不满意					
	36. 工作、学习中压力大（如成绩不好）					
	37. 与上级关系紧张					

事件类型	事件名称	性质	事件发生次数	影响持续时间	精神影响程度	得分
工作学习中的问题	38. 与同事、邻居不和					
	39. 第一次远走异国他乡					
	40. 生活规律重大变动（饮食睡眠规律改变）					
	41. 本人退休、离休或未安排具体工作					
社会及其他问题	42. 好友重病或重伤					
	43. 好友死亡					
	44. 被人误会、错怪、诬告、议论					
	45. 介入民事法律纠纷					

（续）

事件类型	事件名称	性质	事件发生次数	影响持续时间	精神影响程度	得分
社会及其他问题	46. 被拘留、受审					
	47. 失窃、财产损失					
	48. 意外惊吓、发生事故、自然灾害					
其他重要事件	49.					
	50.					
	51.					
	52.					
	……					

正性事件值 _____

负性事件值 _____

总值 _____

算好了吗？这个测试的总分越高，说明个体承受的精神压力越大。95%的正常人一年之内的LES总分不会超过20分，99%的正常人不会超过32分，负性事件的分值越高对身心健康的影响越大。对照看看，你所承受的压力是怎样的呢？这些压力有没有传递到孩子那里？

需要稍加说明的是：生活事件量表来源于美国学者霍尔姆斯（T.H. Holmes）和雷赫（R.H. Rahe）于1967年编订的"社会再适应评定量表"（Social Readjustment Rating Scale，SRRS）。SRRS的理论假设是：任何形式的生活变化都需要我们动用自身的应激资源去做新的适应，因而产生紧张和压力。我国于20世纪80年代初引进SRRS，学者们根据我国的实际情况，对生活事件的某些条目进行了修订，形成了多个版本，我为大家选用的是由杨德森和张亚林于1986年编制的版本。这个版本的记分方式最有特色，所以应用较为广泛，不过随着时代的变化，其中个别条目的描述也有待进一步修订。比如量表中第14项"超指标生育"，随着国家生育政策的调整，对人们的影响程度也有所降低，但这并不妨碍使用整个量表，大家根据实际情况作答即可。

内在安全感是贯穿一生的话题。在我们能够将个人和家庭的来龙去脉一一厘清后，就可以从更大的层面和更广阔的心灵领域来解读安全感了。这个更大的层面，心理学家荣格称之为"集体无意识"。

◉ 集体无意识

所谓集体无意识，简单地说，就是人类作为生命物种之一，代代相传的一种"心灵胎记"。它是祖先生命印记的残留，能在族群所有人的心中找到。

想象一下，从老祖宗开始，每代人都不断地将自己的某些经验或习惯"CTRL+C""CTRL+V"地复制、粘贴到下一代人身上，久而久之，这一族群就有了极具辨识度的ID。比如，中国人爱买房，因为从祖先那里传承的是农耕文化。农耕族群的安全感建立在对土地、房屋、固定居所的拥有和依附之上，即使若干年后写字楼里的白领们满口流利的英文、全身欧美的打扮、头脑里装满西方工业文明史，骨子里却依然会以"安居乐业"为成功的重要标尺乃至终极诉求。因此，当大家纷纷调侃"丈母娘经济"拉高上海房价的时候，我看到的则是集体无意识影响下的安全感假设："假如嫁给一个没房的人，女儿这一辈子都会漂泊不安、苦不堪言。只要有了房，就算以后过不到头，至少还有份看得见的保障！"

相比之下，以游牧文化和移民文化为主的欧美人，则更愿意冒险，更喜欢在变化之中各自独立担当安全感的建立与存放。

了解了集体无意识对自己的影响，父母才能更好地辨识和放下与内在安全感无关的期待与诉求，真正地读懂孩子的心理需求，信任孩子独立获得幸福的能力。

给大家举个例子来更好地阐释"集体无意识"如何影响我们的安全感：

这几年，我先后去了几十座不同的城市给父母讲课，每去一个地方，我都会进行城市间养育文化的对比研究。有一次与厦门的企业家座谈，聊到这个话题，有位企业家给了我一个非常形象的描述，他说："同样是在福建，泉州人信仰'爱拼才会赢'，漳州人则'随意就好'；同样是在中国，给成都人10万元买车，他们会分成两个5万，夫妻两人各买一部出去玩；给武汉人 10 万元买车，他们则会再借 10 万买一部好点的……"

　　这段有趣的描述给我留下很深的印象。有一年，被大家誉为"来了就不想走"的成都下了一场难得的大雪，成都人民几乎全城出动上山赏雪，赏雪归来，每部车的车顶上居然都堆着一个形态各异的雪人儿！在这样好玩的场景和闲适的环境中，人们怎么会不觉得放松和自在呢？感动于成都人的幽默和悠闲之余，我也深深感怀于"天府之国"四千余年的历史为这片土地上的百姓们沉淀下来的牢不可破的安全感。

　　于是，在紧接着给微软的培训上，我分享了成都雪人的壮观图片，大家在一片欢笑之中感叹道：原来日子还可以这样过啊！

　　日子真的可以有不同的过法，孩子也可以有不同的教法，了解了集体无意识对我们养育方式的影响，我们就会发现：原来很多的"必须"并非真的必须，很多的"不安"其实只是源于父母内心的不安。

　　好了，做完以上的梳理，现在，我们可以整装待发，一起开始与安全感有关的十个关键词的探索与学习之旅了。

第二章

父母"学前班"

——安全感与系统养育观

"只有父母好好学习，孩子才能天天向上"——唯有通过父母的学习和不断成长，才能从源头开始使孩子的生命之河更加清澈。

父母要培养自己系统的养育观

在孩子幼升小之前，父母常常忙不迭地给他们找一个好的学前班，希望能帮助孩子顺利完成人生中第一个重要角色的过渡和转换。可是，很少有父母在成为父母之前，为自己报读一个"学前班"。

事实上，"只有父母好好学习，孩子才能天天向上"——唯有通过父母的学习和不断成长，才能从源头开始使孩子的生命之河更加清澈。

预防胜于治疗。二十多年的心理工作经历，让我看到太多的婚姻问题、职场问题乃至社会性的冲突伤害事件，如果能在早期于家庭的角度普及心理学，让更多的父母有机会接触心理学，很多的遗憾都有可能避免。有时候很多伤害，仅仅是因为父母没有机会去了解那些对他们自己和孩子的健康成长至关重要的知识。

有一次在飞机上，坐在我旁边的是一个4岁的女孩和她的妈妈。当空姐把饮料车推过来的时候，妈妈不假思索地为自己和孩子各要了一杯咖啡。我很惊讶地问这位妈妈："你一直都给孩子喝咖啡吗？"她说："是啊。"我说："这么小的孩子，不适合喝咖啡的。"妈妈比我更惊讶，她说她从来都不知道有这种说法。她的惊讶让我意识到，原来很多我们以为大家都应该了解的常识，并不是每个人都有机会知晓。

还有一次，《心理月刊》的前主编王珲老师请我看一部电影《赛德克·巴莱》，坐在我们身旁的是一家老小，其中有一个4岁大小的男孩。当电影里出现极端、恐怖和血腥的画面时，男孩变得格外焦躁和不安，开始哭泣、吵闹。于是，爷爷、奶奶、爸爸、妈妈异口同声地训斥男孩道："你是一个男子汉，这有什么好怕的？坐好！乖一点！"那个时候，我的心很痛——原来很多父母都不知道，这样的电影场景并不适合这么小的孩子。

对于父母来讲，也许仅仅"不知道"三个字就可以令自己释怀；然而对一个幼小的生命来说，可能会发生一些不可逆转的伤害和影响。父母都希望自己的孩子健康幸福，为了这个目标一直努力地向外求索，甚至不惜付出巨大的代价，承受超负荷的压力，可是，他们不知道自己的某些做法已经伤害到孩子的健康成长，不知道其实自己不当的养育方式，才是孩子健康和幸福的障碍，甚至是"杀手"。

微信朋友圈里曾经流传一张图片。图片的上半部分，是一个妈妈指着站台上打扫卫生的清洁工说："如果你不想学习，将来就会像他一样。"这句话听上去是不是有点熟悉呢？有没有什么时候，你也跟孩子说过类似的话，或者有没有什么时候，你也曾被家长用这句话加以警示？当我们这么说的时候，也许是想激励孩子更努力地去实现他自己的幸福人生，可是，结果又会是怎样呢？

图片的下半部分，同样也是母子，一个妈妈对孩子说："如果你好好学习，也许你将来会有能力为他创造一个更好的世界。"

想一想，假如是你，你会用哪种方式表达你的期望呢？两个妈妈的目的也许是一样的，可是，假如我们是孩子，我们听到的信息以及体验到的情绪会有什么不同呢？

第一个孩子也许在妈妈的信息里听到的是恐吓，得出的结论是："假如我不努力，那么我将不会有好的结果。"第二个孩子听到的则是鼓励，得出的结论是："假如我努力，我将有可能为别人做一些有意义的事情。"

第一个孩子感受到的可能是对生活的绝望："假如我不好好学习，我的人生将会很悲惨，悲惨之一，就是成为这样一个普通人。"第二个孩子感受到的也许是希望："假如我好好学习，世界可能会因为我而变得更好。"

第一个孩子听到的是妈妈对一位清洁工的鄙视，而第二个孩子则在妈妈的言辞中听到了慈悲与关爱……

现在，请设想一下，这两个孩子的未来可能会有怎样的不同呢？

在现实生活中，被第一类妈妈刺激着长大的孩子不少见，他们心怀恐惧地成功了，可是越是成功，越是害怕。他们害怕如果自己不能像今天一样成功，那生活就完了。第二类孩子或许没有成为世俗所定义的成功人士，然而，无论做着什么样的工作，扮演什么样的角色，无论生活在哪里，他们总是充满力量和希望。他们老老实实地、安安心心地活着，并且给自己和身边的人带来活力。

这幅图是一个很好的提示，可以帮助我们放大平时被我们忽略了的言行。假如我们可以有意识地选择，你作为爸爸或妈妈，更愿意用哪种方式来表达你对孩子的期望呢？

同时，我也希望你能试着思考：是什么塑造了不一样的爸爸或者妈妈？如果我们是第一类或者第二类的妈妈，那么是什么让我们成为今天的自己？

在接下来的每一个章节中，我们都会反复分享一个理念，那就是：如果要弄明白我的孩子，我必须弄清楚这个世界上最重要的一个人——我自己。与此同时，我们也需要学习不断放下过往对孩子的评判，努力地去真正看懂孩子的每一个表现，或者我们所关注的每一个"孩子的问题"。

这一章的学习，我管它叫"学前班"，有一点儿打趣的意思，同时，也是在表达我对每一位爸爸妈妈的期待。在我们正式开始这样一个有趣而又重要的学习之旅之前，希望大家通过"学前班"的共享，首先养成系统的养育观，了解孩子的"今天"其实都隐含着哪些被我们忽略了的"过去"，了解养育中的"前因后果"。

同时，通过在"学前班"的学习，我也希望大家对我选出的十个心理关键词有更系统的了解。这十个看上去比较专业的词语，其实在日常生活中跟我们息息相关，不经意间，就已经在我们自己和孩子身上留下了深深的烙印。

此外，我也很希望大家了解：和任何一门学科一样，心理学也有它的局限性，不可能解决所有的人生难题和困惑，但学习它，可以帮助我们打开一扇窗，看到更多的可能性。更宝贵的学习，是向生命本身的学习，是在陪伴孩子成长中不断积累和体验出来的。

希望"学前班"能帮助大家养成一个受益终身的好习惯，那就是，当我们觉得孩子的某些表现实在不可理喻、让人抓狂、令我们无从"下手"的时候，不妨问问自己：孩子出现这个问题跟我有什么关系呢？

以孩子为镜，养育孩子的过程就可以成为妙趣横生、共同寻找和创造新的可能性的过程。

在接下来的每个章节里，我都会跟大家分享一些真实的案例。我想邀请大家与我一起，将真诚的感谢和敬意送给这些案例中的主人公，尤其是那些以生命为代价促使更多父母反思的孩子们。透过他人的生命故事，我们得以更好地了解人生，活出自己的生命之美。

接下来我要讲的，是一个看上去似乎有一点传奇或者极端的故事。通过这个故事，你将逐步了解我们接下来要谈的十个心理关键词对一个人内在的安全感，对其成年之后的行为、社会交往及亲密关系等会有怎样的影响。我很希望你一边听故事一边思考：当这样一个人出现在我们的生活中时，你有没有可能去试着了解，这样的主人公可能会有一个什么样的童年？她跟父母的关系可能是怎样的？如果你是她的父母，你眼中的她可能是怎样的？你会怎么描述和评价她呢？

　　故事发生在20多年前的上海。女主人公来找我的时候，30岁出头，长得非常清秀，只是显得格外憔悴。正值黄昏时分，夕阳照在她的头发上，勾勒出一种极度忧伤的美，像只暂栖枝头、随时可能飞走的蝴蝶。我倒水给她，她非常惶恐，把自己的手藏在身后，擦了又擦，然后才伸出来。那双手修长姣好，可是指甲缝里满是泥土——在上海这样的大都市中，这实在很少见。随着咨询的推进，她慢慢地敞开心扉告诉我说："我的手有种欲望，很不好的欲望，所以我恨它们。我想把它们埋进土里面，可是我办不到。它们一直要跟着我，让我这一生都幸福不了。"

　　你一定很难想象，这个美丽女子口中所说的"欲望"，是解剖。

　　20世纪80年代中期就读于卫校的她，狂热地爱上了解剖。除了上学校的解剖课外，周末同学们都回家了，她无处可去、也不想出去的时候，就会去菜市场买来活的鸡、鸭，甚至是兔子进行活体解剖。她说，当她的刀割下去，鲜血喷出来的时候，她觉得心里有一种东西释放了，可是同时又会产生深深的罪恶感。

　　她的罪恶感，并不是针对这些被解剖的小动物，而是每当她这么做的时候，眼前浮现出的都是母亲的脸，她想象着母亲痛苦而扭曲的样子，想象着喷出来的鲜血是来自母亲的身体。她说那个时候她会有一种快感，同时又非常非常地痛苦和憎恨自己。

是什么样的深仇大恨，会让一个女子对自己的母亲怀有这么深的怨恨，有如此扭曲的感受呢？

如果仅仅看到女主人公成年后的"变态"，也许你会觉得她很恐怖、很可恶，甚至恨不得立刻将她关押起来。然而，假如你有机会看到她是如何从一个可爱的小生命变成现在这个样子，你的感受会完全不一样。

接下来，我们就用十个关键词还原她这30多年的人生。

她出生在边疆的一座小城市，父母是上海知青。在她出生后不久，父母的关系变得越来越紧张，经常争吵甚至打架。母亲对这个小女孩心怀怨恨，觉得她的到来使得夫妻关系每况愈下。于是，在她两岁以前，母亲经常把她随意交给自己的姐妹们代管，有的时候甚至一天下来，自己都忘了把孩子交给谁了。

在她两岁左右，父亲有了"第三者"，母亲提出离婚。她被判给了母亲，可是母亲不想要她，很想把她随便送人，远在上海的外婆不忍心，于是把她接回了自己身边。

回到外婆身边的日子，她说，是这30多年中唯一一段觉得幸福和快乐的日子。直到她读小学时，有一天老师让大家写一篇作文"我的妈妈"，她用了自己能想到的最美好的词，深情地写了一篇自己很喜欢的作文，然后带到学校，当着全班的面读给大家听。

她的作文开头是这么写的："我的妈妈六十多岁了，她是我的外婆。"全班哄堂大笑，连老师都忍不住笑出了声。那个时候，小小的她一下子蒙了，在一片嘲笑声中，她不知所措，头一次感到了羞耻。老师没有让她读完，也没有给她任何解释的机会。小小的她，从此很害怕去学校，心里有一种说不出来的难过……

外婆给母亲写了封信，一个多月后，她回到了母亲身边。那个时候母亲已经再婚了，继父是大学教授，在她的印象中，继父"非常有耐心，也很慈祥，与冷漠严厉的母亲形成了鲜明对比"。有的时候，她宁愿与继父谈谈自己在学习上遇到的困难，谈一谈自己看不懂的书，而对于母亲，她没有任何话要讲。母亲"很粗暴，很忙碌"，她虽然是艺校的校长，可是跟自己的女儿，除了功课之外，没有任何其他的话题可以谈。

她的亲生父亲从未出现过。母亲对于父亲的愤怒还在，所以经常拿继父和她作为情绪宣泄的出口，家里仍然气氛紧张。每一次母亲发泄的时候，她都把自己关起来，一声不吭，从来不对任何人讲自己心里的难受之处。

她只有一个愿望，就是拼命学习，考入最好的高中，然后考上大学回到外婆身边。她也真的做到了——她考进了当地最好的一所高中，而且可以寄宿。她觉得终于自由了。到了学校以后，她继续向着回到外婆身边的目标而努力，同时，也慢慢地开始跟自己的同桌—— 一个男生，成为朋友。她觉得在那个阶段，好像自己心里的所有不快都在逐渐缓解。

就在她觉得生活开始要有希望的时候，一件完全颠覆她人生的事情发生了。有一天，母亲突然怒气冲冲地出现在校长室里，手中拿着她的日记本。她被叫到校长室，母亲把日记本扔到了她的脸上，当着校长的面辱骂她，说她是个不争气的女孩，甚至说她是小流氓，因为"居然敢早恋"！

那天以后，她没有再去过学校，母亲很快给她转了学，转到当地的一所卫校，在那里，她疯狂地迷恋上了解剖……

讲到这里，让我们先停一停，回过头去看一看这样的一个女孩子，从生命最初到高中再到卫校的这个阶段，都经历了什么，她的内心有着怎样的创伤，是什么样的关键事件使她的人生变得如此痛苦。

首先来看看她生活在父母身边的那两年。在那个时间段里，有着人生中第一个最重要的心理关键词——依恋关系。

一个婴儿最初所依赖的、需要去建立稳定关系的人，通常是母亲。母婴依恋关系建立得好坏，会影响孩子一生的生命品质。我们的女主人公，虽然父母俱全，却经常被随意扔给不同的人，没有一份稳定持久的关系。这样一种混乱的养育状态，加上母亲不稳定的情绪，通常会形成最为棘手的一种依恋关系——"混乱型依恋"。在这种关系状态下长大的孩子，内心渴望爱，可是又不相信自己会得到爱。所以常常一方面想亲近母亲，一方面又很害怕亲近。

混乱型的依恋关系，常常会导致攻击性行为，心理学家做过一个研究，对比在贫困家庭与福利机构长大的孩子后发现，虽然贫困家庭的经济状况和养育环境要比福利机构差很多，可是仍然有62%左右的孩子可以形成健康的、安全的依恋关系。相反，在福利机构里长大的孩子，则有65%左右会形成混乱型依恋关系。

这个专业的研究，对于普通的爸爸妈妈来讲，有一个很重要的提示。在我们的个案中，经常会听到有不少父母为了给孩子创造更好的物质条件，让孩子"过更好的生活"，自己在外奋力打拼，幼小的孩子则被送到爷爷奶奶或者外公外婆身边养育，再或者完全扔给了保姆，虽然这些父母毫不吝啬地给孩子报价格昂贵的早教课程，却不曾陪孩子上过一节课。也有一些父母，为了移民，只能母亲单独带着孩子去国外生活，父亲不能陪在妻儿身边，母亲的各种情绪压力最后全部转移到了孩子身上。

看起来，父母所做的一切"都是为了孩子"，然而事实上，对一个小生命来说，一段稳定的家庭关系，一个情绪稳定、能够及时给予孩子回应的母亲，才是真正的"好"，才可以帮助他们建立好内在安全感最重要的基础：一份安全型依恋关系。

不完美的小孩才是正常的孩子

假如依恋关系没有建立好，会发生什么事呢？给大家分享我曾经的两位实习小助理的故事。这两个女孩都非常地可爱、聪明和勤奋，其中一个女孩的爸爸妈妈虽然在她很小的时候就离婚了，可是她的母亲心态健康积极，能够很坦然地跟孩子谈论这件事，并且在和孩子的相处过程中一直保持稳定和愉悦，所以，这个小助理，无论别人怎么批评她，她都会欣然接纳、积极改正。

另一个女孩，有爸爸妈妈，有姐姐哥哥，看上去是一个很完整的家庭，可是她的母亲追求完美，非常苛刻，而且情绪不稳定。所以从小到大，她一直活在紧张和恐惧中，即使别人表扬她，她也会很害怕和担心地想：这个表扬是什么意思呢？是不是说我做得还不够好？

不健康的依恋关系，会对子女成年后的生活有怎样的影响呢？我们继续讲故事。

促使我们的女主人公来咨询的原因，是她发现自己没有办法走入健康的婚姻。

卫校毕业之后，她去了国外，做生意做得很成功，可是她没有任何朋友。几年后，她带着挣来的钱回到上海找外婆，想在外婆身边重新找回稳定的、安全的感觉。可是，外婆很快就生病去世了，她开始四处漂泊，放弃了生意以及其他本来可以做得很好的事，在一家俱乐部里跳舞。

在这家高级俱乐部做领舞的过程中，她跟一位销售经理相爱了，这位经理像外婆一样包容她、疼惜她，她也很珍惜，可是心里却始终不相信自己会一直拥有这份爱。所以当恋人提出想要结婚，苦等三年希望她给自己一个肯定答复的时候，她突然发现自己很想掐死自己深爱的人——她觉得也许只有这个恋人不在了，他的爱才能在她的记忆当中永远美好下去。

无法拥有健康的婚恋关系，这是混乱型依恋对孩子成年生活的重大影响之一。顺着这个话题，我们要谈到第二个关键词——安全感。

安全的依恋关系，能够帮助孩子建立内在的安全感，即使在成长的过程中经历各种挑战，他们通常也不会对婚恋心存恐惧。回头看女主人公的早期经历，母亲曾想把她随便送人，虽然最终被外婆阻止，但被遗弃的恐惧深深印刻在她幼小的心灵中，让她觉得自己不值得被爱、这一生都不配得到幸福。这样的恐惧和不配得感，在许多幼年差点儿被送人或真的送了人的孩子身上，无一例外地存在着。

缺乏安全感的孩子没办法建立良好的信任感，他们不相信别人，也不相信自己，所以常常会表现得自暴自弃，继而发展出对社会的无法适应性，更无法建立良好的亲密关系。

也许你会好奇，为什么看起来还什么都不懂的婴儿，会"记住"那么早的事情？

那我们就来看看第三个与安全感有关的关键词——情绪性记忆。

人类的记忆发展，首先是运动型记忆。比如说孩子很快就能学会吸奶，甚至很小的宝宝都会用奶瓶。到了6个月左右，情绪性记忆就开始发生。所谓情绪性记忆，就是对某一件事情的情绪和情感体验所留下的烙印。

你可以试着想想，在我们的女主人公身上，有怎样的情绪体验一直在影响着她？

回答这个问题前，我想先请你猜猜看："当提到妈妈这个词的时候，一个人内心最强烈的情绪体验可能会是什么？"

假如我告诉你，这世上有一半左右的人提到妈妈的时候，非但不会感觉到幸福和甜蜜，反而会感到紧张、焦虑、负罪感和自责，你会吃惊吗？

我们的女主人公，当她的作文"外婆妈妈"被嘲笑时，她体验到了耻辱和愤怒，这样的情绪性记忆，再加上与妈妈相处时的种种缺憾，导致她每一次想到母亲的时候，内心所有无处宣泄的伤心记忆就被唤起，一次次加重对内在安全感的破坏。

有的时候并不是妈妈的错，却仍然会给孩子造成类似的负面情绪性记忆。比如说，有一些在年幼时就失去母亲的孩子，无论母亲是因为生病还是意外而离开，他们同样会产生被遗弃的愤怒感。假如这样的情绪体验没有被疗愈和处理，它就会在孩子成年之后不断地跳出来搅扰他们的生活。

所以，这些年来，我都在通过每一次讲座和采访传播一个重要理念：情绪性记忆比知识性记忆更能影响孩子一生的幸福。在后面的章节里，我们会着重探讨如何帮助孩子积累更多积极正向的情绪体验。

接着，我们来看下一个关键词——家庭系统。

家庭系统是一个非常大也非常重要的概念，简单来说，我们把自己出生的那个家庭叫作原生家庭，原生家庭的每个成员都互为系统中的一员，任何一员的变动都会引发整个系统的改变。

仍然以故事的女主人公为例：她的原生家庭从最初

的不稳定到破碎，生父虽然不再在她的生活中存在，可是他所造成的缺失以及母亲对他的愤怒、未解决的冲突等，仍然严重地影响着整个系统，导致她全然不知该如何去建立自己的家庭。

故事中还有一个重要的细节：当女主人公再次回到外婆身边的时候，外婆跟她说，希望她能够理解和原谅自己的母亲，因为母亲自幼被外婆宠溺，凡事以自己为中心，所以她从来都不知道怎么去理解别人，自然也就没有办法处理好自己跟女儿的关系。

这就是"系统"的力量。不健康的依恋关系，如果不加以修正，会在家族中一代又一代地以问题的方式传递、影响下去。

通过家庭系统概念，我很希望更多的爸爸妈妈了解，假如孩子在成长中的某一个阶段出现某一个特别的行为，不要孤立地把它当作孩子的问题。孩子的问题往往就是整个家庭系统真实状况的反映。就像女主人公通过拼命学习来对抗家庭的不快一样，很多他人心目中的优等生，其实内心并非真的有很强烈的成就动机和需要，他们只是下意识地想通过这个方法让家庭系统达到某种平衡而已。

　　然而更多的情况是，孩子想用问题行为来维系一个家庭。比如说在有的家庭中，当父母关系紧张的时候，孩子就会生病或者逃学厌学等，制造各种各样的麻烦，让父母把他们的注意力转移到自己身上来。

　　所以，要想让孩子的某一个行为或表现得到改善，我们要先看看家庭系统中的哪些"点"需要被改善。所有的人都不变，却一味期望孩子变的话，那其实是缘木求鱼，甚至可能造成更大的伤害。

　　这样的家庭系统的互动关系，在孩子成年后也常常被带到单位里来。所以，在给企业人员讲课的时候，我也常会帮助大家了解，有的时候同事之间、上下级之间的关系难处，是因为每个人都有不同的家庭故事。

　　接着我们再来看下一个关键词——冲突应对。

　　对于所有的关系，我们也许都会带着一种理想化的期望，期望这个世界人人都很友善、彼此的相处都很愉悦。可是事实上，在每个人的内心里，自己跟自己都可能会有很多的冲突，上一秒跟下一秒的想法可能都不一样。所以，发生在亲密关系中的冲突很正常。出现冲突并不可怕，可是如果家庭没有给孩子提供一个可以学习的冲突应对模式，那么在将来面对冲突时，孩子就会出现各种各样的问题。

　　我们的女主人公，从小到大一直以回避的方式应对冲突。当妈妈把她的日记公开，并且当着校长的面羞辱她后，她在转学前约了她的男生同桌，说："不让我跟你好，我就要跟你好！"在赌气跟这个男生发生了关系后，她跑到山上大哭了一场，觉得自己已经把所有最珍贵的东西都扔掉了，以后可能就不会再受伤了。与此同时，她心里还有一种报复的痛快感。在后面的章节中我们会谈到：通过伤害自己来让别人不好受、表达自己对冲突愤怒的模式，叫作"被动攻击"。

　　很多有6岁以下孩子的爸爸妈妈常常会谈到，孩子在幼儿园或早教班里，别人抢他玩具的时候，他不知所措；或者正相反，孩子动不动就去抢别人的东西，然后频频跟小朋友发生冲突。爸妈们通常都急于想知道该怎么做，而这时候我通常会反问："作为父母，您平时是怎么应对冲突的？面对冲突会害怕吗？"

　　如果没有在家庭中学习到良好的冲突应对模式，那么，我们后面要谈的社会适应就会出现状况。

在谈到社会适应之前，我们先来看下一个关键词——自我认同。

充足的内在安全感会帮助孩子形成良好的自我认同，悦纳自己的能与不能，相信自己有获得幸福的能力。反过来，良好的自我认同又能够增强内在安全感，帮助孩子应对人生的各项挑战。只有建立了比较充分的自我认同，才能有效建立信心和自尊，而信心和自尊是一个人获得成功和幸福的重要心理基础。

对孩子来讲，高自尊、高自我认同的养成非常重要。而我们的女主人公，在从小到大的体验中对自己慢慢形成的概念是："我不值得被爱，我是羞耻的，我有罪。"所以，她得出一个结论："我注定这一辈子都不配得到幸福，即使我现在被爱，也一定是短暂的，我肯定无法永远拥有爱。"

在后面的章节里，我们会仔细探讨，如何通过对孩子刚出生甚至出生之前，以及幼儿期、少年期，尤其是大家觉得棘手的青春期的相关问题的回应处理，来帮助孩子形成良好的自我认同，帮助他们无论面对什么样的生活挑战都始终自信满满。

接下来，我们来看看"情商"这个关键词。

在十个关键词中，"情商"可能是大家最熟悉的了。那么情商究竟是指什么呢？它又如何影响着内在安全感？以女主人公的母亲为例：在旁人眼中，她是一个非常优秀且事业成功的女性，可是，她的情商并不高，所以没有办法去理解女儿和前夫，不知道如何与人"共情"，更不知道怎么去建立健康的家庭关系。母亲的溺爱导致了她的"低情商"，而她的"低情商"又成为破坏女儿安全感的罪魁祸首。

再来看下一个关键词——社会适应。

很多父母常常提问说："我的孩子好像有点儿内向，是不是不够好？我们怎样才能改变他的性格呢？"其实，内外向性格本无所谓好坏对错，最关键的是怎么帮助孩子学会适应。适应是评判心理健康重要的指标之一，内向者有内向者的优势，如果发挥得当，甚至比外向者更有可能担当重任。

我们的女主人公来见我之前，其实已经去过很多国家和地区，而且每当事业做得很好很成功的时候她就会放弃，总是想走，但又不知道该去哪里。用她自己的话来说："我不能适应任何一种稳定的环境和关系，只能拼命逃啊逃……"

缺乏安全感的人往往适应不良，而越是适应不良就越缺乏安全感。

缺少良好的适应能力，就会引发下一个问题——归属感的缺失。

将"归属感"列为十个心理关键词之一，是因为它与安全感互为因果，更与近年来高发的抑郁症息息相关。

我们故事中的女主人公就是这样的情况。如果一个人始终觉得自己没有圈子，觉得自己很另类，那么当他内在的动力不足、过往的创伤浮现，或者经历某些特殊事件的时候，就更容易产生抑郁情绪。有一位在博士毕业后应聘到上海某高校任职的男老师，在面对大都市突如其来的时尚冲击、完全陌生的生活环境以及出乎他想象的消费水平时，一时间非常失落，在学生面前都觉得抬不起头，觉得自己"像个钟楼怪人"，与周遭格格不入。每天早晨醒来，一想到要去上班，他就会全身疼痛不堪，去医院检查，各个科室都说他"没病"。他觉得很痛苦，只要没课，就把自己关在单身宿舍里，紧闭窗帘。没有人可以做他的听众，因为用他自己的话来说，他的人生一直"上不去、下不来"，永远卡在一个孤独的夹层里。他既不愿与家乡没多少见识的亲友为伍，又害怕走近比自己见多识广的人，日复一日，他越来越厌弃自己……

相反，一个有归属感的人，即使在人生面临更大的挑战和挫折时，也往往能够在自己认同、也认同自己的社会支持系统里，找到解决问题的力量来源。所以在后面的章节中，我们会一起学习怎样帮助孩子建立良好的归属感，远离抑郁情绪。

下面是与安全感有关的十个关键词中的最后一个——心理弹性。

父母常说希望孩子一生平平安安，可是即使我们使出"洪荒之力"张开双臂，也无法替孩子挡尽所有的风雨，孩子总要去亲历人生的各种精彩或者挫折。什么样的力量可以保护他们在穿越"枪林弹雨"时安然无恙呢？

2008年，有汶川大地震，同时也有金融危机。在那段时间里，我给企业讲得最多的主题是"如何应对不确定时代"。其实，不确定一直伴随我们的整个人生，佛学里面经常用的词叫作"无常"。面对这种无常或者不确定，什么力量可以使我们始终自信满满呢？心理学里把这种力量叫作"心理弹性"。

　　近些年来，关于抑郁症患者自杀的报道比比皆是，更是在2020年达到了高峰，尤其是青少年自杀率的大幅上升，引起了全社会的关注。2021年10月10日是世界精神卫生日，国家卫健委将主题定为"青春之心灵、青春之少年"，并开始在全国范围内开展青少年心理健康教育。在本书最初写作的2016年，最令父母们唏嘘的，莫过于18岁的史学天才林嘉文的离世。在现实生活中，有很多孩子智商很高、追求完美、在某个领域里的成就远超同龄人，他们看起来所向披靡，却常常在最令人意想不到的情况下出现问题。究其原因，恰恰是成就了他们的"惯性优异"绊倒了他们。人生的不完美时有发生，心理弹性好的孩子，可以更积极地应对，即使是遭受了别人眼中的失败，对他们来讲也不过"天空飘来五个字：那都不是事"。相反，一直顺风顺水的人，却往往像古希腊神话中的大力神赫拉克勒斯——为脚下那个本来很小的"袋囊"所困，越是对抗，"袋囊"越是膨胀，直至挡住去路和希望。

　　越来越多的父母意识到了这个问题，于是前些年"挫折教育"流行起来。可是，究竟什么样的教育才真的能增强孩子的心理弹性，而不是破坏孩子的安全感？

回到我们的故事中来看看女主人公的心理弹性——像妈妈一样，她也很追求完美，每件事情都要做到极致，一旦出现瑕疵，便有深深的受挫感，受挫之后就更想解剖。在想"掐死"未婚夫的冲动的背后，隐藏的是她对自己的不完美的恐惧——三年来她一直不敢与未婚夫同居，唯恐他发现自己这个难以启齿的爱好后，心目中那个"完美的她"彻底破碎。

如同前面所说，讲这个极端的故事给大家，是想通过这个故事帮大家把十个关键词串联起来系统地了解，让这十个关键词不再陌生或者拗口，是想让大家了解：在每个人的人生中，这些关键词都在发挥着不同程度的作用，而不同的处理方式可能带来完全不同的、意想不到的人生结果。

好了，在"学前班"的下课铃响之前，请允许我向大家提一个小小的请求——请大家在开始正式学习前，"放过"三个人。

首先，请放过老师我。虽然我做了20多年心理方面的工作，也是中国最早从事心理咨询和家庭心理养育研究的工作者之一，但同时我也是一个普通平凡的妈妈。在孩子的成长过程中，我跟大家一样在学习和探索。在后面的章节中，我会分享我和女儿圆子的许多小故事，希望通过这些故事，大家可以欣然发现：其实没有所谓完美的"养育专家"，因为人生本就没有完美的答案。我们只是一同走在成长的路上，彼此陪伴、共同探寻，育儿，也自育。

第二个要放过的人，是你自己。就像我们无法期待任何一个老师或者任何一个学科是完美的一样，我们同样不需要期待自己是完美的。即使是学了心理学的父母，也一样会有自己的人生功课，也一样会在跟每一个不同的孩子相处的过程中，从孩子身上学到更多新鲜的知识，找到更多新鲜的答案。

第三个要放过的人，就是我们的孩子。我们自己本身就是不完美的，正是因为这些不完美，我们自己、我们的世界才那么真实有趣，我们的孩子也一样。让我们带着好奇心，一边掌握一些心理学的工具、原理和知识，一边养成多元的视角和态度，更好地陪伴孩子一起去体验他不完美、但可以完整的人生。

我的女儿圆子6岁时非常喜欢唱TFBOYS的一首歌——《不完美小孩》，她稚嫩的歌声深深打动了我。在我的"父母学点心理学"微课中，当我把这首歌送给大家时，许多爸爸妈妈都悄然落泪了，因为我们以及我们的父母，都曾经是那个"不完美小孩"。

把这首歌同样送给大家，送给天下所有曾经是孩子的人们。

不完美小孩

作词：蓝小邪

作曲：颜小健

演唱：TFBOYS

当我的笑灿烂像阳光

当我的梦做得够漂亮

这世界才为我鼓掌

只有你担心我受伤

全世界在等我飞更高

你却心疼我小小翅膀

为我撑起

沿途休息的地方

当我必须像个完美的小孩

满足所有人的期待

你却好像格外欣赏

我犯错犯傻的模样

我不完美的梦

你陪着我想

不完美的勇气

你说更勇敢

不完美的泪

你笑着擦干

不完美的歌

你都会唱

我不完美心事

你全放在心上

这不完美的我

你总当作宝贝

你给我的爱也许不完美

但却最美

全世界在催着我长大

你却总能捧我在手掌

为我遮挡

未知的那些风浪

当我努力做个完美的小孩

满足所有人的期待

你却不讲　你的愿望

怕增添我肩上重量

我不完美的梦

你陪着我想

不完美的勇气

你说更勇敢

不完美的泪

你笑着擦干

不完美的歌

你都会唱

我不完美心事

你全放在心上

这不完美的我

你总当作宝贝

你给我的爱也许不完美

但却最美

听完歌，再留三份作业给大家，帮助大家开始系统地了解自己，以及自己在亲子关系中的角色风格——借着这样的了解，我们离培养内在安全感又近了一步。

 作业

1. 谁是你童年记忆中最亲密的人？童年里受了委屈你最想找的人是谁？

2. 提到"妈妈"，你最强烈的三种情绪是什么？你和妈妈之间的关系是如何影响你和孩子、伴侣以及同事的关系的？

3. 下节预习：下一节是我在2014年为公众号"林紫心理堂"写的有关母亲的声音管理的文章。请找个不被打扰的时间，静静读完，然后想想自己的"声音"是怎样影响着孩子的安全感的？

心灵茶歇：妈妈们的作业分享

第一份

1. 今天认真听了林紫老师温暖的微课，案例案主的故事让人心疼，但愿天下的父母都能多点对自我的觉察，少点对孩子无意的伤害。听到最后老师的提问后，我的第一个感受是紧张和茫然，答案好像呼之欲出，应该是"妈妈"，但我心头却没有随之涌起的其他感受，我想我对妈妈的情感是复杂的，有温暖也有隔膜，有愤怒也有困惑。更确切简单的答案应该是我的奶奶，我在她的身边待了10年，她带给我的是亲密关爱和温暖。如果受了委屈，小时候可能很少会跟妈妈说，大多数时候是不说；大了会和好友说，现在会和老公讨论。

2. 提到妈妈，可能现在的感受跟以前不一样了，现在会有点距离感，不是那么亲密，有点冷漠，很容易起冲突，不太真实。这使得我在和伴侣、孩子的相处中会有情绪无常、控制欲强的表现。这使我很难快乐，也常常让他们不知所措。这些年我渐渐开始觉察和反思，特别是在陪伴儿子成长的10年中，我从孩子身上看到了自己的问题。现在希望能更好地做到用语言把情绪表达出来，接纳不完美的自己。

第一堂课让我受益匪浅，对老师后面的课程更加期待，也会邀请老公一起来学习。

第二份

林紫老师结合案例串讲了十个心理关键词，让我受益匪浅，对今后的正课更加期待。老师真的是用心良苦啊，这样方便的形式、这样用心的课程设计和耐心的讲解，真的是值得每一位父母认真学习的。

人们说为人父母其实也是一种职业，而且是一旦上岗永不会下岗的职业，除非生命终结。很多职业都需要事先进行上岗培训、资格验证，但父母是没有的，而为人父母并不是生来就会的，还需要不断学习。星星之火，可以燎原。老师讲的理论也好、案例也好，还需要我们用心体会、努力实践、不断内化。

老师的文章以及案例让人难过，但现实往往就是这样残酷，而且可怜之人必有可悲之处，案主也许会觉得她的妈妈怎么能够这样对待自己的孩子，但我想说的是：像这个妈妈的母亲们自己其实也是受害者，她们在原生家庭中已经伤痕累累，她们没有提供正常的爱的能力，甚至她们连自己都不会爱，又怎样去爱别人呢？就像《不完美小孩》中唱的那样，她们虽然给的是不完美的爱，但也已经竭尽全力付出了最美的爱。

最近半年多我一直在林紫机构接受心理咨询，再结合阅读书籍，感受颇多。我其实也是安全感比较差的人，而我妈妈的安全感更差，由于种种原因，她2岁左右就被送到了农村的奶奶家——虽然奶奶几年后去世了，读小学前她又回到父母身边，但相对于兄弟姐妹来说，她受到的关爱肯定是很少的，或者说她的安全感和依恋关系没有很好地建立起来。所以，为了赢得父母的爱，她必须处处做到最好，因此养成了追求完美的习惯。虽然没有案例中那么极端，我从小几乎没离开过妈妈，但她对我的哭闹、依恋等显然是无法接受、不会应对的，她与我亲密关系的联结总是有问题。当我发现我在面对自己的孩子时竟经常无意识地采取妈妈的方式，甚至连说的话都那么相像时，真是有些害怕，我不想要这样的家庭轮回，这也是我去咨询的原因之一。另外，我的妈妈遇到了老年危机，那种样子也让我害怕，我怕我老了也成那样，这是另一个原因吧。如今我的第二个宝贝在我肚子里慢慢成长，我自己的心态也成熟了不少，但学无止境，对自己的认知也永无止境。

第三份

听到老师最后放的《不完美小孩》，我的眼泪都出来了，感动，感谢，也对自己和孩子重新有了信心，对曾经伤害过我的妈妈多了一份接纳。就像老师说的，"人生不完美，但可以完整"。有了老师带给我的力量，我愿意和孩子一起成长，面对人生的所有不确定！

妈妈的情绪管理从声音开始

2014年，经典音乐剧《伊丽莎白》首次来华演出，在上海文化广场隆重上演。文化广场对面是曾经的亚尔培公寓，由法国天主教普爱堂于1930年投资建造，现在叫"陕南邨"。陕南邨里住过王丹凤等许多文化名人，为年轻的文化广场平添了些许味道和底蕴。

周边的几条路，也都颇有故事：亚尔培路（今陕西南路）、辣斐德路（今复兴中路）、迈尔西爱路（今茂名南路）、霞飞路（今淮海中路）……

从《伊丽莎白》上演开始，每天都有大批观众沿着这几条有故事的路鱼贯而来，一路夹杂着票贩子此起彼伏的声音："票要哦？票有得多哦？"

鱼贯而来的观众，大多都看过电影版的《茜茜公主》，怀中估计还残留着那个浪漫童话的余温——不过，等待他们的，却是现实的"骨感"冷。

伊丽莎白是茜茜公主的本名，而这部享誉世界30年的音乐剧，正试图还原一个本来的茜茜公主真实的一生——或者说，是历史学家和剧作家眼中的"本来"：她和父亲一样自由不羁，她对"婆婆"抗争到底，她对死亡迷恋纠缠，她对不忠的伴侣决绝放弃，她在痛苦孤独中特立独行，她对儿子冷血拒绝，她对容貌近乎强迫地关注，她高唱着《我只属于我自己》和《一场空》，直到被刺杀而死去……

然而一个妈妈和心理学者的眼睛，看到的却是一段令人心痛、伤感的亲子故事和另一个妈妈的无助凄惶。

在茜茜公主的原生家庭里，父亲马克西米利安公爵是一个享乐主义者，不愿受家庭生活的束缚，所以四处逍遥行乐。尽管茜茜深得父亲喜爱，但她仍坚信一点："我是一文不值的，连我同父异母的姐妹都比我重要许多。"（历史学家布里吉特·哈曼）在缺少安全感的家庭中长大的茜茜，多年后变成了父亲的模样——整整18年，她一直在四处游走，远离家庭、子女、责任……

她不是不爱孩子。第一个女儿索菲出生后，婆婆强行剥夺了她做母亲的权利，等到索菲好不容易回到她身边，却因为生病而不幸去世。儿子鲁道夫出生，茜茜千辛万苦争到了教养权，却一转头就将儿子扔在一边，让其幼小的心灵饱受孤独冷寂的痛苦；成年后的鲁道夫一直渴望与母亲重建亲密关系，得到来自母亲的力量，然而茜茜不但像自己的婆婆一样拒绝接纳儿媳，而且在儿子陷入人生绝境前来求助、像幼小的孩子一样哀求她"妈妈，我需要你"时，冷酷决绝地回答："我从不低头，为了你也不行！"

绝望的鲁道夫选择了自杀。那一幕，导演用了七八个黑衣人与鲁道夫玩抢枪的游戏，直到子弹射中他，他躺倒在死神的怀抱中——而我看到的，是鲁道夫葬身于母亲的情绪中。

情绪可以杀人，母亲的情绪也是。当年幼的茜茜带着被父亲拒绝的失望和无价值感长大时，当宫廷的束缚与内心对自由的向往严重冲突时，当初为人母即被否定做母亲的能力时，当痛失爱女却得不到安慰回应时，当对死亡的渴望一直萦绕心头时……没有人做茜茜的心理咨询师。

茜茜不是不爱鲁道夫。她整日忙于美容和周游列国，选择极端的方式与儿子情感隔绝，很多人都以为她"只爱自己"，殊不知，其实那是因为她太不爱自己——因为一大堆情绪的缠绕，让她没有一分钟可以跟自己待在一起，没有一分钟不是用尽全身的力气来对抗外力。

所以她逃离，所以她冷郁，所以，在两百多年后的今天，她的声音仍然可能令一个孩子无助地战栗。

我的一些来访者年纪很大了，当他们回想起妈妈当年对自己说话的语气，还常常颤抖着蜷缩在沙发里失声痛哭。情绪化的妈妈说出的"恶毒"的话，制造了太多孩子心中永远的伤痛。

就像前面讲到的那位因早恋而被妈妈当着老师的面用盛怒的语调羞辱的学医女孩，她迷恋上了解剖，每一次看着刀子落下，她心里都想象着躺在刀下的是自己的妈妈。

还有一位男士，一直无法与女性建立亲密关系，因为每当关系稍加深入，他就会警告自己：女人都很歇斯底里，我走得越近、越可能像我父亲那样一辈子不得安宁……

对于敏感的孩子来说，妈妈的一次歇斯底里，就有可能摧毁他们的整个人生。因为十月怀胎的母亲，本来是与自己的孩子同频率共呼吸的，突然出现的情绪噪声往往会让孩子身心混乱、无所适从，陷入极度的不安与恐慌之中。

相反，母亲平和而温暖的声音往往是孩子最好的心灵良药。当孩子鼓足勇气说"妈妈，我需要你"时，用平和而温暖的声音回复孩子，哪怕只是一个"嗯"，也足以支撑孩子度过人生某些艰难的时刻。

平和而温暖的声音，来自平和而温暖的心。母亲良好的情绪管理能力，是整个家庭的福音，而情绪管理需要持之以恒、循序渐进。

就像上海文化广场周围的那几条老马路，每一次走过，人们似乎都能隐隐听到一些老上海的声音——咿咿呀呀的唱片声、咯吱咯吱的高跟鞋声、丁零丁零的黄包车声……不是声音在，而是这些声音所伴随的那份情绪的气韵，隔着百年的时光，依然安详闲适又优雅地留存了下来。

按照瑜伽理论，万事万物都有着振动的频率，所有的频率汇集在一起，就有了大自然的根音OM——它最简单、最原始、最有力量，也最能抚慰人心，所以当人们唱诵起它，便能慢慢回到生命原初的状态，远离烦躁，安然静心，与周遭的人与事产生美妙和谐的联结。那么，假如妈妈们的情绪管理，从OM开始——和孩子重回同频共振、同气相求、呼吸与共的联结里去，或许就不再有茜茜对鲁道夫的冷酷、对后来几个孩子忽远忽近的失调的爱以及对自己一辈子的情绪放逐……

《伊丽莎白》接近尾声，茜茜公主再次以无比高亢倔强的声音唱响《我只属于我自己》，而我望着前排几位带孩子看戏的母亲，心里在想："也许，我们真的不需要太过用力和倔强，至少，我们的声音不需要。"

向饱受苦难的茜茜公主致意，妈妈们的情绪管理，请从声音开始。

第三章

谁在主宰影响

孩子安全感的依恋模式

假如之前全世界都没有办法走进你
的内心，那么孩子正是上天派来开启
你的心门，让你有机会真正体验"在
彼此的全世界路过"的天使。

妈妈对孩子依恋关系建立的重要影响

在开始本章的阅读前，我们先来回味一下茜茜公主的故事。

有没有发现，我留给大家的文章看起来是关于母亲的声音管理的，而事实上，我们不仅仅是在谈声音。透过声音，你可以看到母亲的情绪是如何影响着孩子，影响着依恋关系的建立的。

母亲是孩子生命中第一个重要的人，从胎儿期开始，妈妈的情绪就已经成为孩子心理环境的首要组成部分。很多妈妈来参加我的情绪管理和声音训练课程，而我每次都会提醒她们的另一半：比任何一位老师的课程都更加管用的，是爸爸们的支持和安抚，他们给予妈妈越恰当的理解和关怀，孩子未来就越健康可爱。

上一章的另一份作业和自己与母亲的关系有关。每次微课后，大家交来的作业都会让我的小秘书、小助手们感动到落泪，好几天都眼睛红红的，因为看到了太多的伤感和不易。完成作业的过程，也是每个人慢慢梳理自己、自我觉察的过程。梳理并分享出来后，生命就可以继续向前，这样的"向前"，就叫作成长。只有父母成长了，那些自己小时候经历的不愉快乃至伤害，才不会"遗传"和复制到孩子身上来。

感谢分享作业给大家的爸爸妈妈，因为每一份分享都是一次宝贵的学习，让更多的父母透过别人的故事找到共鸣和启迪。

每一次，我都会把作业进行分类统计，然后反馈给大家，帮助大家了解我们自己以及身边的朋友们大概是怎样的情况。当我们能越来越多地了解自己所处的内外在心理环境时，就更有可能为孩子创造出安全的依恋模式以及安全的家庭氛围。

在作业中，有5%左右的爸爸妈妈用了很多正向温暖的词来描述自己跟妈妈的关系，比如：安定、幸福、可依赖、信任、亲情、责任、和蔼……这类父母通常对生活的满意度、对伴侣关系的满意度、对孩子的满意度都比较高，虽然偶尔也有情绪失控的时候，但依然对自己和孩子充满信心。

另外，有10%左右的爸爸妈妈提到了一种可能被大多数人忽略的母子关系。他们想到妈妈的时候，脑海中浮现的是妈妈的弱势和可怜，所以自己从小会尽力去扮演强大的角色，想要保护母亲。听起来，似乎这样成长起来的父母应该比其他人更有力量，可是事实上，如果大家有机会做心理咨询师，你会发现，他们往往是临床心理咨询中的常客。正像一位妈妈所写，因为从小到大一直都要去保护母亲，所以自己也变得非常敏感、独断、多偏见，并且把这些特征带到了自己的人际交往以及跟伴侣和孩子的相处中，结果冲突频现。

十几年前，一位从事媒体工作的28岁女孩来找我咨询。在咨询中，我请她画一幅自画像。这个漂亮的女孩拿起笔在A4纸上画了一张脸，这张脸一半是男孩，一半是女孩。你能想象是怎样的成长经历让这个女孩眼中的自己如此特别吗？原来，她与上面提到的那10%的朋友一样，因为从小觉得母亲总是被父亲及奶奶欺负，所以一直很希望自己变成男孩来保护母亲。直到有一天，她发现自己有同性恋倾向，整个人顿时陷入极度的恐慌……

早期的亲子关系会影响人的一生。在"弱势—保护"的关系中长大的孩子，往往最后会变成一个焦虑的斗士，总会觉得周围危机四伏、自己四面楚歌，防御性非常高，很难在各种关系中感到放松和安全。

还有80%左右的爸爸妈妈在交来的作业里说，一提到"妈妈"，自己想到最多的就是：控制、情绪化、否定、做什么都是错……他们无一例外地提到，自己一方面不希望成为妈妈的样子，一方面在对待孩子的方式上，又不知不觉地复制了母亲的样子。

这个比例如此之高，除了每个家庭的特殊故事以外，还与我们的上一辈所经历的特殊历史时期有关——当举国上下都被焦虑紧张所控制时，家庭内的系统自然也会绷紧了弦。

人人都逃不脱社会和文化的影响，亲子关系也一样。了解父母所生长的时代背景，也许能帮助我们更好地去理解而非怨恨我们的父母，继而重建童年缺失的安全感，让自己成为更好的父母，让更多的孩子想起"妈妈"的时候，可以感到安全、温暖、放松。

还有5%左右交来作业的朋友，由于各种原因很小就失去了母亲，提到"妈妈"，他们心里体验到的是"孤独、悲伤、自怜、自责、愤怒"。

为什么会有自责和愤怒？因为幼小的心灵还无法理解生死，妈妈的离世会令他们产生"是不是我不好所以妈妈不要我了？""我需要妈妈的时候她为什么总不在？"等想法，这些想法如果无人倾听和理解，往往会伴随他们一生。压抑在内心的愤怒，常常不以愤怒的形式表现，而是会转化为上一章里提到的被动攻击，以伤害自己或抱怨他人的方式呈现，再或者转化为身体的问题爆发出来。

有一位30多岁的男工程师，自他出生以后，爸爸妈妈的关系一直都很紧张。他4岁左右时父亲离开了家，母亲因受自己的情绪困扰对孩子也失去了兴趣，不闻不问，他是由几个阿姨拉扯大的。

阿姨们对他非常严格，甚至多吃一碗饭也要申请。在这样一种严格、缺少父母关爱的氛围下长大的他，在外人眼中一直勤勤恳恳、有责任心、和善少言，看起来似乎与旁人没什么不同，可是结婚后，身体开始给他第一个信号：他没有办法有自己的孩子。

他和太太找医生做了各种各样的检查，没有任何器质性的问题，但太太就是怀不上孩子。最后，他们决定做试管婴儿，起初一切顺利，可就在试管移植的前一天，这位男士突然变得精神恍惚，言语混乱，在出现一连串匪夷所思的行为之后，病倒了。

童年时父母关爱的缺失及未处理的愤怒，在潜意识里累积久了，就会变成恐惧和拒绝，变成向内的攻击。要孩子这件事，重新揭开了男工程师童年时期的心灵创伤，身体告诉他：你还没有准备好做爸爸。

所以，在身心出现状况之前，如果我们多做些练习，对自己与父母的亲密关系多一些梳理，多培养自我觉察的能力，我们就可以为自己和孩子多争取一些获得幸福的概率。

有了自我觉察能力，当你再次面对孩子，觉得自己可能要情绪失控的时候，就会有一个声音提醒你自己："这可能是我自己的功课，与孩子无关。"

是"功课"，而非"问题"，因为当我们把眼前的困扰当作问题的时候，感觉到的往往是压力、责备或自责、恐惧、抗拒的情绪，可如果换一个角度来看，人生其实就是由一连串所谓的"问题"组成的，而每一个问题恰恰是成长的契机，将它们当作功课，内心更多激起的就可能是希望、担当以及面对的勇气，而不是怨天尤人的情绪。

有了这份觉察后，就可以试着用"暂停技术"——当感觉到孩子的某一表现或者行为可能会激怒你，可能会引发你童年时期某一种不愉快经历的时候，告诉自己：我需要静一静，我甚至可能要暂时独处。回到自己的房间，等平静下来再面对孩子。

真的平静下来后，你会发现，你更容易接纳孩子在你面前的表现了。你甚至会发现他的所有表现，其实都是在为我们树立一面镜子，让我们看到自己那些还没有被解决的、需要去完成的人生作业。同时，这份接纳也会慢慢"回向"到我们自己的父母身上。就像上一章里一位妈妈分享的那样，意识到自己的爸爸妈妈其实也是"不完美小孩"，他们虽然不完美，却把他们能给的爱都给了我们。

当我们的心足够安静的时候，我们就真的可以做到"只见诸苦、不见诸恶"了。通过父母无意间对我们造成的伤害，我们可以看到他们曾经的缺失和困扰，看到他们也曾经是受伤的小孩，于是我们的内心就不会再有怨愤和遗憾，而是渐渐充满了担当自己生命责任的力量。

从觉察到接纳，再加上持续的练习，家庭中的伤害终有一天可以停止代际传递，不再被复制。比如，我们可以常常问问孩子："妈妈这么做的时候，你有什么样的感觉？"不断地练习，慢慢地，你就会发现有改变在发生。

妈妈对于安全依恋关系的建立至关重要，但安全依恋关系的建立绝不只是妈妈一个人的事，尤其当孩子的主要照顾者是爸爸或者老人时，要特别注意：一、照顾者要尽量保持稳定，少更换；二、多给孩子一些拥抱和抚触；三、家人之间不要相互否定和攻击，尤其是妈妈对照顾者的包容和接纳，对孩子来讲非常重要。

我常常在开现场讲座时播放一段泰国公益小视频，视频中，一个刚刚做了爸爸、看上去毛手毛脚的男士独自在家陪伴婴儿。婴儿突然哭闹起来，手忙脚乱的爸爸找来各种玩具逗孩子开心，孩子却越哭越厉害，即使妈妈通过可视电话安抚他也毫无作用。方法用尽，年轻的爸爸最后犹豫着伸出胳膊，用了人类最本能的方式——抱起孩子安慰他。孩子的哭声戛然而止，他在爸爸怀中满足地笑了……

在视频结尾处，只有一行小字："科技永远无法取代爱。"

科技永远无法取代爱，再先进的设备也抵不上爸爸一次小小的拥抱和抚摸。在建立安全型依恋关系方面，当你面对孩子的情绪爆发而觉得无从下手时，你至少还可以做一件事，那就是蹲下来，轻轻抚摸孩子的后背，然后给他一个温柔的拥抱。

非常希望更多的爸爸能看到这段视频，因为不少爸爸平时工作压力很大，偶尔跟孩子独处的时候，唯一能想到的方法就是给孩子一个iPad或手机。看起来孩子好像能在看动画片和玩游戏的时间里迅速安静下来，不再"麻烦"父母，然而，缺少了他们真正需要的跟父母的联系，早晚有一天会给父母带来更大的麻烦。

2020年，IBM公司为我颁发了"灾难应对全球代码行动大中华区优秀个人贡献奖"，以表达对我作为心理专家参与这项公益行动的感谢，同时邀请我出席颁奖仪式。由于时间冲突，我无法亲自前往，于是录了一段视频在颁奖大会上播放。视频的结尾，我说："科技无法取代爱，但可以传播爱。"这句话感动了与会的所有人，现在，也同样送给正在读着这本书的您。在时代发展下，我们无法避免科技产品对孩子和亲子关系可能产生的负面影响，但只要牢记爱的初衷，坚守爱的本质，就总能找到适合自己的办法平衡。

还有一种情况是，很多很爱孩子的妈妈，因为各种原因不得不暂时跟孩子分离，于是变得非常焦虑。有一次我去一座城市讲课，这座城市的电台邀请我做节目，一位听众打来电话说，她有一个8个月大的宝宝，一直都是母乳喂养，可是最近，她得到了一个非常好的进修机会，要离开孩子两周。她内心非常矛盾，每天面对孩子的时候也愁眉苦脸，担心如果自己离开了，会不会给孩子造成伤害、留下阴影；可如果不去进修，又觉得对自己未来的发展有很大的影响，所以左右为难，茶饭不思。

我告诉她，对孩子来说，比暂时的分离影响更大的是母亲的情绪。如果母亲能够处理好内心的冲突，能在离开之前慢慢断奶，让孩子逐步适应变化，帮助孩子面对暂时的分离，同时也想好在进修过程中，可以用什么样的方式跟孩子建立联系，那么孩子就能感受到母亲平稳的情绪，对于分离，他身心的适应能力就会增强。

美国麻省大学波士顿分校的爱德华·特罗尼克（Edward Tronick）博士曾经做过一个叫作"静止脸"（Still Face Experiment）的实验。一个4个月左右大的宝宝，当妈妈微笑地面对他并给予他恰当的回应时，他也开心地笑着和妈妈互动；当妈妈突然面无表情、对孩子不做任何反应时，他先是用各种可能的方法努力争取妈妈的关注，发现没用后，宝宝开始不知所措，最后放声大哭。幸运的是，这个宝宝之前已经跟妈妈建立起了比较稳固的安全型依恋关系，所以当妈妈重新以正常温暖的表情面对他、与他恢复正常的情感联结后，不过几秒钟的工夫，他就又重新快乐起来了。

这个实验可以很好地帮助我们了解，在日常生活中，孩子是怎么一步步情绪失控的。

孩子是我们的一面镜子，透过孩子的情绪和行为，我们可以反观自己是以怎样的表情和心情跟孩子在一起的。相比分离来说，一个冷漠的母亲对孩子的伤害会更多、更大。

已经建立了安全型依恋关系的孩子，即使关系偶尔受创，通常也能很快地恢复，跟妈妈重新回到安全的相处模式中，完成关系的重建。可是如果妈妈的冷漠经年累月地持续，那么，重建就会变得很困难。

讲到关系的重建，我要分享一个我女儿圆子的生活小故事。在她4岁的时候，有一次全家外出吃晚餐，路上经过一个公园，她看到了小飞机游戏转盘，很想立刻去坐。我们告诉她，现在我们会先去吃饭，吃完饭以后再回来玩，可是她很坚持地站在转盘前不肯走。我继续向前走了几步，走过一个花坛，说："妈妈在这里等你。"她还是不肯过来，于是，我就尝试蹲下来，隔着花坛张开双臂，微笑地望着她。不到两秒钟，圆子哭了，吧嗒着她的小脚丫跑过来，扑进了我的怀里……

在以后的很多次里，每当圆子有情绪的时候，只要我张开双臂，最终她都会回到我的怀抱里，小哭一下之后就平静下来，接着又开开心心的了。

偶尔我也会有大声发脾气的时候，然后我会问她："妈妈刚才很生气，你有什么感觉呢？"

圆子的回答让我很感动，也很安心。

她说："我害怕。"

我问："你害怕什么呢？"

她说："我怕妈妈太大声把嗓子喊坏了。"

所以，你看，在安全型依恋关系建立好后，孩子不但自己可以快速平静下来，还可以帮助妈妈更好地管理情绪呢。

你是哪种依恋模式？

依恋模式是决定人与人之间情感纽带的关键。依恋模式决定了从早期的亲子情感关系到成年之后的亲密关系等一系列的人际情感关系。

假如我们在童年被过度照料或者缺乏照料，我们可能会形成不同的依恋模式。如果被过度关注，或者严重缺乏关注，也许在成年后会终身都要寻求重要之人的肯定、爱恋，会变得喜怒无常，常常充满希望又陷入绝望，会对一段关系非常抓狂，很想要监控一切。尤其是进入伴侣关系中时，甚至会仅仅因为对方没有夸自己菜做得好吃就开始担心"他或她是不是要离开我、不爱我了"。

最早进行依恋模式研究的，是美国心理学家哈利·哈洛 (Harry Harlow)。他的"恒河猴实验"让人们清晰地看到，当小猴子和母亲被分开单独饲养时，会长期处于焦虑和抑郁状态。

在英国心理学家约翰·鲍尔比 (John Bowlby) 的依恋理论的基础上，玛丽·安斯沃思 (Mary Ainsworth) 进行了著名的"陌生情境测验"。他们让几个幼儿分别经历母亲陪伴、母亲离开以及母亲返回三种状态，发现幼儿们的反应各不相同。根据不同的反应，依恋模式被分为几种不同的类型。

1. 安全型依恋模式：安全型依恋模式的幼儿在有母亲陪伴的时候，会对所处的环境充满好奇，大胆探索，也能与母亲互动玩耍。当母亲离开时，幼儿先是会表现出不安和依恋，接着又慢慢平静下来自己玩耍。等母亲重新返回后，幼儿会开心兴奋地拥抱母亲，接受母亲的安抚。这一类孩子的母亲通常会随时为他们提供安全的依恋环境，对他们的需求给予及时和恰当的满足。

2. 焦虑—控制型依恋模式：焦虑—控制型依恋模式的幼儿，母亲在身边时会表现得特别依恋，随时都在观察母亲会不会离开。当母亲离开时，幼儿会变得格外焦虑不安，甚至哭泣吵闹。即使在母亲返回后，他们往往依然哭个不停，或者对母亲又打又踢表达愤怒和哀怨。这一类孩子的母亲很可能没有持续地为他们提供安全的依恋环境，有时对他们过分关注，有时又完全忽略他们的需求，导致孩子一直觉得随时可能失去母亲的陪伴。

3. 回避型依恋模式：回避型依恋模式的幼儿，无论母亲在或不在，都表现得很漠然，仿佛自己与母亲毫无关联，甚至可能对陌生人还要更亲近一点。母亲离开，也不会表现出任何依恋。这一类孩子，常常是因为长期被忽视、缺乏照料、无法从母亲那里得到满足，从而通过回避性的行为来掩饰和压抑自己对母亲的依恋焦虑与情感需求，就像缩进壳里寻求自我保护的小动物。

在这些研究的基础上，后来的心理学家又补充了第四种类型。

4. 混乱型依恋模式：这一类幼儿，当母亲想要靠近他们的时候，他们似乎毫不在意，很冷漠，可是当母亲要离开时，他们的视线会一直跟随母亲，好像要看一看母亲到底要去哪里。这些孩子的幼年经历，常常与我们上一章讲到的女主人公类似——母亲既表现出对他们的厌弃，又以粗暴的方式加以干涉和控制。

幼儿期的依恋模式决定了个人对自我形象和他人形象的认知，并深刻影响着成年后的人际和亲密关系。比如，焦虑—控制型的人，会始终觉得自己不够好，不值得他人持久地关注和喜欢，所以随时担心被抛弃。回避型的人则认为他人是不值得信任和依赖的，认为别人无法满足他们的依恋和情感需求，从而选择压抑而不是表露自己的需求。安全型的人，长大以后不会被别人的情绪左右，会积极看待他人的行为，无论是在关系中还是独处，都会放松自在。

所有这些类型大都在孩子三岁以前成形，尤其是在一岁半以前，跟爸爸妈妈对孩子的回应及与其相处的方式有关，而这些方式，又与爸爸妈妈自己的依恋类型有关。

心理学家研究发现，对于6个月大的宝宝来说，父母的应答性与孩子未来的智商发展、成就表现以及在课堂和工作中的行为表现都是正相关的。

影响孩子健康发展的因素，还有家中的藏书量、父母参与孩子玩耍的程度和质量等。想跟孩子建立起良好的互动模式，就要进行"互动管理"，跟孩子在一起的时候更多地关注孩子感兴趣的事物。比如，当孩子的手指向某个方向的时候，妈妈也顺着孩子的手指看过去，这样的回应对孩子来说就是极好的。

可是在日常生活中，我们常常会发现，很多爸爸妈妈不自觉间就会打断孩子，转移孩子的注意力，因为对大人来说，我们仿佛总是有更多"更好"的东西想让孩子关注。这样的打断会引起孩子更多的不安，并且使彼此的联结中断。

我在讲座中常常用四首歌曲来帮助爸爸妈妈理解这四种类型。每一种类型都有一段内心独白，你可以看看哪段独白更像自己呢？

父母越了解自己，就越能了解孩子和帮助孩子。

第一种类型：

内心独白：我很容易与人接近，信赖他们或让他们信赖我是件很开心的事。我不怎么担心被抛弃，也不害怕别人离我太近。

代表歌曲：《两只蝴蝶》。"亲爱的，你慢慢飞，小心前面带刺的玫瑰……亲爱的，你跟我飞，穿过丛林去看小溪水……亲爱的，来跳个舞，爱的春天不会有天黑。"

在此类关系中，对方能自在飞翔，自己只是愉快地陪伴，不干扰对方的航线，但也会提醒哪里有"刺"、哪里有

"花香"。这样的陪伴，是高质量的陪伴，也是安全型依恋模式的来源与结果。

第二种类型：

内心独白：我很想让别人亲近我，可别人似乎不愿意。我常担心我身边的人不是真的爱我，担心他们想离我而去。我恨不得和别人完全融为一体，可这个愿望有时会吓跑别人。

代表歌曲：《男人海洋》。"我的爱是折下自己的翅膀，送给你飞翔……"

十几年前，复旦大学研究生院的硕士、博士生们邀请我去讲《左手爱情、右手学业》。我问在座的女孩们："如果有男生愿意'折下自己的翅膀，送给你飞翔'，你愿意嫁给他吗？"全场鸦雀无声，连男孩们也瞪大了眼睛，仿佛在问："爱得这么深了，还有什么问题吗？"

这样的爱，在让人感到炽热的同时，往往也会伴随令人窒息的纠缠感。这一类人，在亲密关系中常常有"爱你爱到骨头里，恨你恨到骨头里"的极端表现，因为焦虑—控制型的依恋关系会使他们患得患失，恨不能燃烧全部自己来换取关系的确定感，而这样的关系，其实会带来很多的伤害。曾经有一位身高1.85米的男生，和女友吵架之后，当着众人的面扑通一声跪倒在地。他满心以为女友会因为感动而消气，却不料女友从此与他一刀两断。

如果一个人的依恋关系模式是焦虑—控制型的话，那么不仅仅是在伴侣关系里，在其他的人际交往中也会出现类似的情况，比如：过度热心，却总是发现自己的"热心"不被别人理解，甚至还被嫌弃。

第三种类型：

内心独白：与别人接近让我不安，我很难完全相信、依靠他们，有人对我太亲近时我会很紧张，就算是伴侣想让我对他更亲近一点，我也有点不自在。

代表歌曲：《原来的我》。"给我一个空间，没有人走过，感觉到自己被冷落；给我一段时间，没有人曾经爱过，再一次体会寂寞。"

这样一类人，看起来在"自讨没趣"，但其实"宝宝心里苦"得紧，明明渴望着爱与被爱，却偏偏要躲进冷落和寂寞里，隔离真实的自己。自幼形成的回避型依恋关系，让他们总是在亲密关系里玩着"躲猫猫"的游戏，令对方抓狂不已。

第四种类型：

内心独白：我想让人亲近我，可别人一旦走近我，我又总想要立刻逃跑。

代表歌曲:《带刺的蓓蕾》。"我是一朵带刺的蓓蕾，危险的妩媚，要是你爱上了我，小心你啊伤痕累累。我是一朵带刺的蓓蕾，寂寞的花蕊，要是你离开了我，只怕我会伤心枯萎。"

试想一下，跟这样的人相处，你该如何是好？内心既渴望爱又害怕得到爱的人，会使自己和对方都陷入混乱之中，而这样的混乱正是来自童年混乱型的依恋模式。

对照之下，也许你会发现，自己似乎有时兼有其中两种情况，不过总有一种模式占主导，而这种主导模式也会影响我们的伴侣关系和亲子关系。

比如，安全型的父母更能理解和包容孩子的各种表现，并且能准确地读懂孩子的行为，给予恰当的回应。其他三种类型的父母，则更容易被孩子的问题所困扰，常常感到愤怒甚至绝望，或者索性听之任之、充耳不闻。

除了依恋关系会影响父母对孩子的态度以外，父母的身心健康状况也会对亲子相处质量有重大影响。比如，存在抑郁倾向的父母，会表现出对自己早期的依恋记忆的排斥，继而也会对孩子表现出冷漠、不回应的行为。

大致了解了自己的依恋模式后，父母可以做些什么呢？

首先来看安全型：假如你发现自己占主导的是安全型依恋模式，那么孩子的内在安全感通常也比较稳定。你要做的是，多多向孩子学习，仔细接收他们不断给予我们的关于生命本来智慧的宝贵提示。

假如你发现自己是焦虑—控制型：第一，要记得就事论事，不要借题发挥。第二，管住自己的嘴，学会说"我担心……""我需要……"，而不是一再说"你又没有做好""你又不听话了"。尤其要戒掉"快一点""听话"这类口头禅，因为这些口头禅很可能会导致我们又复制出一个焦虑的孩子。第三，避免越界，谨防关注变成干涉、爱变成控制。在后面的章节里，我们会讲怎么去建立良好的亲子边界。第四，学习情绪管理。只有管得住自己，才能"管"得住孩子。

如果你发现自己更多的时候是处于回避状态，那么请尝试多与孩子待在一起，细细品味每个细节带给你的温暖和柔软。假如之前全世界都没有办法走进你的内心，那么孩子正是上天派来开启你的心门，让你有机会真正体验"在彼此的全世界路过"的天使。同时，当你实在需要有一个空间来梳理羽毛的时候，可以试着对孩子说："我想要静一静，这不是你的错。"

如果你发现自己有很多时候处于混乱的关系模式里，那么，第一，为自己担当，而非自责。第二，警惕婚外情。在混乱型依恋模式下成长起来的人，由于在任何关系中都缺乏确定感，所以下意识里总是想要不断寻找新的关系来进行自我肯定，而一旦关系建立，又立刻想要逃离。实际上，不断出现的"第三者"并非真的是感情所依，意识不到这一点，婚姻关系就会频现危机，给孩子、伴侣、自己，乃至"第三者"带来不可逆转的巨大伤害。第三，避免攻击。混乱型的人无法处理自己内在的复杂情绪、情感的时候，容易产生攻击行为。有的攻击向外，比如我们之前谈到的故事里的女主人公；也有的向内自我攻击，比如有些男性，会用吸烟、喝酒、赌博等行为来自我放逐和伤害。

更多的解决之道，我们将在未来的章节里逐步探讨。

依恋关系建立的最关键时期，是从孩子出生到一岁半的这个阶段，所以，爸爸妈妈，了解了自己的依恋模式之后，请一定记得：至少在孩子的关键期里，我们要努力实践上面的提示，帮助孩子完成信任能力的养成。

读完上面的内容，也许你可以清楚地回答许多妈妈问到的问题了："孩子过度黏人怎么办？他确实是很喜欢我、很爱我，但是一刻都离不开。"这样的孩子多半属于焦虑—控制型。不过我们不建议给任何一个孩子立刻贴上标签，因为孩子正处于他们的开放性成长期，我们之所以尝试多个视角了解他们，是为了更好地帮助他们，而不是给他们定性。比如，当发现孩子并不是一直都黏人，只是在某个阶段，或者某一天突然变得很"黏"，我们一定要记得去了解和排查外界是否有一些重要事件发生。

圆子1岁多的时候，我们带她去上海城隍庙看元宵节灯展。那天人非常多，我去上洗手间，爸爸抱着她。洗手间外面排了长长的队伍，我一等就是40分钟。等我回来之后，圆子直扑过来，从那一刻开始一直只让我抱，变得非常"黏"，可是我知道在她小小的心里有个声音是："千万别把妈妈丢了。"

还有的孩子，在面对环境突然变化时，也会表现出过度黏人的行为。其实，"黏"的背后，是对父母强烈的需要，需要父母帮助自己适应新的环境，比如某些孩子的入园焦虑。

所以，要根据孩子经历的不同时期来分别对待，一步步地帮助孩子去了解，暂时的分离并不代表爸爸妈妈、爷爷奶奶会永远地消失。对于低龄的孩子，可以通过"躲猫猫"的游戏来帮助他们逐步适应暂时的分离。

特别想提醒大家的是：如果孩子突然对分离和去幼儿园变得格外抗拒，则无论多忙，都请一定拿出足够的耐心陪伴孩子，倾听孩子内心的声音，因为某些极端伤害的发生，也会导致孩子一反常态地"黏人"和恐惧入园。

2021年10月，我在修订到这里的时候，正好看到一位妈妈的自述文章——她的儿子4岁的时候突然不愿意去幼儿园，还总要妈妈紧紧地抱着自己。父母一开始不理解，软硬兼施但无济于事。爸爸暴怒，而用心良苦的妈妈意识到不能再逼迫孩子了，于是耐下心来启发孩子说出原因，结果才知道，孩子在幼儿园被陌生男子性伤害了。

这是一个让人愤怒和心痛的故事，勇敢的妈妈忍着心痛，用一年多的时间四处奔走，想为孩子讨回公道，将坏人绳之以法。尽管最终刑侦部门开始了立案侦查，但截至妈妈发稿时，案件尚未侦破。

这位妈妈说，她之所以想要将孩子的故事分享给更多的父母，是因为她看到还有很多的父母在孩子极力抗拒入园的时候，不分青红皂白，不听孩子的心声，一味简单粗暴地逼迫孩子入园。同时，她也看到包括孩子父亲在内的很多成年人，在面对孩子的恐惧和痛苦时，第一反应往往是表示怀疑，而不是相信。她不敢想象如果自己没有选择站在孩子这一边，孩子会继续遭受怎样的折磨……

借着这位妈妈的故事，希望大家牢记：不要因为孩子小，就以为他们的情绪是没有道理的。突然而来的黏人和抗拒行为背后往往隐藏着孩子无法用语言表达的恐惧，需要爸爸妈妈拿出全部的耐心，先给孩子一个安全和可靠的怀抱，再鼓励他们说出真实的原因。如果你做不到，就请第一时间带孩子去见专业的心理咨询师。

回到主题上来，如果你发现孩子真的有了"焦虑—控制"的依恋表现，请立刻反思：家庭给予孩子的爱，是不是适度的、浓淡适宜的？是给多了还是过于匮乏了？

与此同时，如上所述，如果孩子黏你，那么无论那个时候有多忙，你也要试着先去回应孩子的需要，而不是一味冷冰冰地分析。尝试先回应情绪再解决问题，用温暖而幽默的方式去接纳和认可孩子的需要（比如我有时会管圆子叫"小黏糕"），然后再一点点用游戏的方式帮助他们。

多经历这种情况几次之后，我们就可以用安全的方式来帮助孩子逐渐地过渡到安全型依恋模式中来。

作业

1. 分析一下自己的依恋类型，试着把它写下来，因为每一次书写都是一次自我整理。

2. 俄罗斯女时尚摄影师安娜·拉琴科（Anna Radchenko）拍摄过一组名为"母爱的反面"（The Reverse Side of Mother's Love）的作品，用极其震撼和直观的表现手法，让人深思家庭教育中爱的真相。实际上，这组摄影作品可以看作是不安全型依恋关系的缩影，正好可以像镜子一样帮助我们反观自己与孩子的关系，看看自己的哪些做法表面上是想给孩子安全感而实际上却恰恰背道而驰。大家可以搜索作品看一看，并试着画一幅自己的亲子关系图。

心灵茶歇：妈妈们的作业分享

第一份

看到林紫老师讲到的那个爸爸和小宝宝的视频时，我热泪盈眶，感觉自己就像是那个小宝宝，哭啊哭，但是得不到关照。在老师说的四种依恋模式类型中，和我最接近的恐怕就是焦虑—控制型了，我自己觉得应该和自己的妈妈属于一个类型。我应该算是那种比较敏感的，眼泪比较多，遇到很多事情都爱流眼泪，小时候就被妈妈说成是"眼泪就像自来水一样，说来就来"。但妈妈最讨厌我哭，她觉得哭就是软弱、差劲儿，是弱者的表现，对待我的哭多是不耐烦、不管不顾，很少会有正面的、积极的回应。我儿子刚生下来时，我似乎一下子就切换到了妈妈对哭的看法，觉得好烦，尤其是作为新手妈妈，啥也不懂，超级焦虑。但如今儿子4岁了，我觉得随着学习、觉察的不断深入，自己还是有很大进步的，至少没那么焦虑了。而一旦自己没那么焦虑了，对待孩子的眼泪似乎就多了一些理解和包容。我曾经有过至少两次体验，儿子由于某种原因在哭，而我没有负面情绪升起，只是抱着他、拍着他，甚至不加言语安慰，儿子哭了一会儿之后，就神奇地好了，负面能量完全消散，快到我反应不过来。如果按照老师所说，从孩子出生到一岁半时让他建立安全感、信任感，那我必定缺了些功课，但相信通过以后的努力还是能把影响降低一些的吧。对照《母爱的反面》，我觉得自己对孩子还没有那么大的控制欲，但"淹没"孩子的溺爱可能会有一些，还需继续修炼吧。

第二份

有一天，我给《秘密花园》这本涂色书涂色，夜里做梦，我梦到我的生活画面——明亮的粉蓝是儿子，像水草那样在水中自由地向上伸展着，那粉蓝色美丽得让我惊叹！我试着把梦里的画面画出来，但我还是无法还原梦中亮丽的色彩。而我，则是右上角那个看不出是紫还是蓝的有杂质的圆，混沌的、边界不清晰不圆满的圆。梦里那个圆比我画的要边界更模糊一些，色彩更蓝一些，我用蜡块调不出来那个混沌的状态……

第三份

从表面上看我总是替孩子着想，内心却很烦他、讨厌他、嫌弃他、看不起他。这是我的童年很糟和无界限导致的。虽然这样的妈非常没爱心，我也感到羞耻，但这是真实存在的。我的安全感是6分，孩子是5分。我希望通过心理咨询来提高我和孩子的安全感。

第四份

我觉得自己是焦虑—控制型和混乱型，我很难相信别人。我觉得我像《母爱的反面》摄影作品中那个布袋里的孩子，挣扎着被拖着走；也像被强加上父母理想的那个……

我画的画中，前面有三角形、圆形的是我女儿，她在前面玩游戏，我在后面看着她，那条波浪线代表我的心情，很纠结——既想亲近她，又想远离她。

揭开安全感面纱，识别伪安全感

孩子15个月左右，就会将依恋模式的影响和关联呈现出来。比如说，安全型依恋模式的孩子的环境适应能力更强，不会因环境的改变而产生过大的压力。

到了学步期，也就是1岁半到3岁，安全型依恋模式的孩子词汇量会更丰富，更愿意跟人互动，更为积极。再长大一点，在3岁到5岁的时候，他们会表现出这个年龄段应有的自信心、好奇心，同理心和心理的复原力（抗逆力）也会很棒，跟其他儿童的相处也会更为愉快，能逐渐地与小伙伴建立友谊，自我意象也更加积极。

所谓自我意象，是指自己对自己的评价。比如说安全感足的孩子更多时候会觉得自己是一个可爱的宝宝，是有能力的，"大家是喜欢我的，我可以表达我自己的想法，我能去探索我想探索的地方"。这正是后面的章节里我们会谈到的"高自尊"养成。

很多朋友会问："我已经错过了孩子最佳的依恋关系建立阶段，现在我发现自己和孩子都是不安全型的，我该怎么办？是不是这辈子就这样了呢？"

其实心理学的研究告诉大家，无论何时，只要我们愿意认真地一步步梳理自我，那么每一步的补救和调整措施对自己和孩子都会有很大的帮助。

比如说，父母及时调整教养方式。此外，如果妈妈不得不跟孩子分离，那么替代的照料者应更多地学习温暖积极的回应，这样也会对孩子安全型依恋模式的建立起到非常巨大的补充作用。

如果发现自己和孩子是不安全的类型，可以先从保持抚养人以及生活环境的相对一致性和稳定性入手，一步步地改善。

在我20多年的心理咨询工作中，最初的5年（1998—2003年）中经常会遇到这样的来访者：他们的父母工作性质很特殊，比如说是地质工作者或石油勘探工作者。父母经常要变换自己的住所，而他们也被动地不断从这所学校转到另一所学校。这样的孩子成年后，往往为社会适应、人际关系等问题所困扰，内在有深深的不安全感，始终觉得自己不属于任何一个地方，也没有办法去建立稳定的朋友圈。

这些年，这种类型的个案减少了，但是另外一种类型的却越来越凸显出来。就像不少电视剧里所演的那样，爸爸妈妈，尤其是妈妈们，为了给孩子一个更好的起点，从幼儿园开始就频频搬迁，希望能挤进各个宝贵的重点学校。更有甚者，一位妈妈说，伴随孩子从幼儿园到小学、中学，他们一家接连换了三座城市生活；而另一位妈妈则说，三座城市算什么，我们换了三个国家。

现代版的"孟母三迁"，导致学区房拼命涨价，而父母的焦虑和不安也愈演愈烈：2021年，随着"双减"等一系列政策的发布，"教育内卷"现象有所减轻的同时，父母又开始有了新的焦虑和不安，甚至更加不确定自己和孩子未来的人生轨迹。所以，真正的安全感，向外追逐永远靠不了岸，向内探寻才是唯一答案。

特别想要提醒这样的爸爸妈妈：在为孩子寻找下一阶段的学习环境时，一定要记得先帮孩子做好心理准备，比如，先跟孩子沟通，了解他/她的想法，同时把自己的选择理由告诉孩子，让他们了解不得不变化，或者自己认为必须要变化的原因。

另外，也要多跟孩子讨论新的学校、新的小区、新的城市或者新的国家，讨论可能会有的文化差异和气候差异。对大人来讲，每每经历环境的变化尚且会面临很多新的挑战，更何况是成长当中的孩子呢？如果一定要搬迁，那么努力让孩子爱上新的环境吧，因为这对孩子安全感的建立非常重要。如果处理得不好，很有可能把早期建立的安全型依恋关系也破坏掉。

事实上，跟我们所认为的"最好的选择"相比，孩子其实更需要的是有自己从小到大的玩伴，有自己熟悉的家，有自己熟悉的城市、适应的气候……

父母的依恋关系模式决定了孩子的依恋关系模式。假如父母在自己早期的成长当中，没有获得温暖的抚育和支持，那么他们往往也不知道怎么用温暖的方式去回应孩子。如果父母始终停留在对自己早期经历的不满、怨愤或者回避情绪之中，那么他们就更容易在跟孩子相处的时候表现出愤怒、焦虑或喜怒无常等情绪。

不过，我很想告诉大家的是，不必太过担心没有机会给予孩子一个更健康的、有利于成长的心理环境——通过每一章的学习和作业，你已经在进步了。当我们能够更积极地去了解自己，从孩子的身上看到自己成长的空间，我们就不会长期被自己的依恋关系模式所阻碍和困扰了。你会发现，以前翻来覆去总是看到孩子的问题，而现在看到的是自己的成长契机。当孩子的某个行为激怒我们的时候，只要我们明白那是两个人的依恋关系模式在互相纠缠，心情就会慢慢平静下来，就能更好地去梳理自己，更恰当地处理好跟孩子之间的关系。

比如说，有几位妈妈都在作业里提到，孩子哭的时候自己是最烦躁的，甚至还有些愤怒。通过前面的学习，她们开始了解到自己对于孩子哭的过度反应来源于自己早期的经验，同时也开始了解，为什么当年父母对于自己的哭闹或者情绪没有做出正确的回应。她们说，做完这些功课，再次面对孩子的哭闹时，自己的心情果然平静了很多。

在后面的章节里，讲到情绪性记忆、家庭系统和冲突处理的时候，我会教大家一些情绪管理的小技巧。而技巧的背后，最根本的是了解自己和孩子的"来龙去脉"。了解之后，我们就会创造性地找到很多方法去应对情绪的干扰。

谈到安全感，你通常会想到些什么呢？在这个不确定的时代，尤其是疫情之下，似乎每一位家长所面临的不安全困扰和因素都有很多。很多爸爸妈妈会想到食品安全、环境安全……外在的各种不安全。一位小留学生的妈妈，为孩子的安全考虑带他去打了新冠疫苗，没想到打完疫苗后，每天看到的都是有关疫苗的各种"小道消息"，妈妈觉得自己简直都要崩溃了……听上去，无论有无疫情，这世界总有一大堆不安全因素围绕着我们，在这样的环境之下，谈安全感究竟有没有可能呢？

接下来我们将要探讨的案例故事，会帮助大家了解，无论外界环境如何，假如我们帮助孩子和自己建立起内在充足的安全感，那么无论面对怎样的不确定性和环境挑战，我们都可以相对安宁地度过自己的人生。

让我们像剥洋葱一样，一层一层拨开安全感的面纱，看一看，安全感的建立可能存在哪些误区——

在过去的数百场讲座里，每一次我都会向现场的爸爸妈妈提问："你们觉得什么叫安全感，怎么做才能让孩子获得安全感？"有的人会说："我很希望自己更强大，能创造更好的条件，能够保护我的孩子一辈子不受伤害。"还有人说："我宁愿自己把所有人生当中的苦全部都受了，来换取孩子一辈子的幸福。"那么，这样养育孩子是不是真的就能够帮助他们形成内在安全感呢？一次讲座中，当我把《母爱的反面》中那个被严丝合缝地包裹着的孩子的图片播放出来时，一个12岁的孩子站起来大声说："看到这张照片，我觉得很冷！"现场的父母一片哗然，受到触动：原来我们以为的"热"，却是孩子认为的"冷"！没错，过度保护不但不会给孩子带来安全感，反而会使孩子更加无助、窒息。

所以，帮助孩子建立安全感，不是让他们一辈子躲在我们的羽翼之下瑟瑟发抖，而是让他们拥有自己的力量去面对人生。

关于过度保护，电影《疯狂原始人》是最好的教材之一。电影中的爸爸瓜哥竭尽全力想要保护家人，而保护的方法是让家人尽可能躲在洞中。可是，他的女儿小伊却对这样的保护厌恶至极，竭尽全力想要去探索外部的新世界……直到最后，爸爸终于明白，真正的保护原来是帮助和陪伴孩子一起走向崭新的"明天"。

就像瓜哥所说的，每个个体与生俱来的恐惧本身是合理的，是帮助物种存活下来的一种积极的情绪反应。可是，如果因为恐惧而对孩子加以过度限制，比如很多老人会跟在孩子身后不断念叨："不要去那个地方，很危险！""太脏了！""快回来，外面都是坏人！"诸如此类。所有这些"保护"，最后只会让孩子变得更加恐慌和退缩。

另有一类爸爸妈妈，将安全感与金钱画上等号。有一次讲座时，我遇到一位非常可爱的爸爸，他坐在第一排，听得非常认真。当我问到"大家为了孩子的安全感都做了哪些努力"时，他立刻举手并站起来回答说："我拼命挣钱，尽力为他创造比其他孩子更优越的条件和环境！我把所有的时间都放在做生意上面，就是为了他！"

还有一次，在北京国家会议中心讲座，现场有二十几位赴美生子归来的妈妈，她们来自全国各地。一位妈妈说，她的先生是公务员不能出国，起初，她一个人带着孩子在国外生活，与先生两地分居，后来越来越困惑。虽然自己在美国用的所有东西都是最好的，看上去孩子也会有一个物质上更加美好的未来，可自己又担心家人始终处于分离状态会对孩子有不良影响，于是她带孩子回国了。回国之后她又担心食品、物品的安全问题，于是家里所有的东西全部都用的是进口货。可越是这样做，她的心里越没有底，越发觉得，自己不可能穷尽一生去为孩子做这样的努力，总有一些可能的伤害是她无法替孩子阻挡的，孩子也总有一天要走出去跟外界接触……那时又该怎么办呢？

优越的物质条件是不是真的能带给孩子安全感？

不少父母试图通过外部条件的建立来使孩子更加安全，可越这么做，越会觉得外部的不可控因素太多。与此同时，孩子感觉到的是："爸爸妈妈没有时间也没有心思陪我，他们觉得已经给了我最好的，所以继续不断地把他们的精力和时间给了工作、工作、工作……"孩子非但没觉得自己很安全、很幸福，反倒越加觉得无法得到来自父母的温暖回应。从这个角度来看，不少孩子其实是被优越的物质禁锢着而非滋养着的。

一定的物质保障非常重要，但是没有爱的时候，食物也没有办法更好地支撑一个小生命的成长；相反，对食物的需要被满足之后，孩子更大的需要是跟母亲的相处，有时，这种相处甚至可以替代食物的吸引力和它带给孩子的满足感。流浪动物救助者曾经发现一只小猫，它白天乖乖地守在妈妈身边，到了晚上才出去寻找食物，渴了就喝路边的水，饿了就吃树叶。好不容易找到一片肉，小猫舍不得吃，飞跑到妈妈身边，蹭蹭妈妈，似乎想唤醒妈妈起来吃肉。然而，它不知道妈妈早已经死了。人们准备将它带到安全地带的时候，它却爆发出惊人的能量保护着妈妈，不让人靠近。救助者费了好大的劲才救援成功。为小猫检查身体时，人们发现它的胃里全是小石头——它用树叶、小石头充饥，却把好吃的留给了妈妈……

假如爸爸妈妈觉得自己那么忙碌、承受那么多压力、挣那么多钱都是为了孩子，那么让我们试着从孩子的角度来看一看，什么才是他们真正需要和渴望的。想了解孩子的真实渴望，有时候需要技巧，更多的时候则只需要一颗愿意倾听的心，听见孩子散落在点滴之间的真实声音。有个阶段，圆子特别喜欢买裙子，我就开玩笑说："那妈妈给你改名字叫'圆买买'好不好？"圆子不假思索地回答："那我就给你改名字叫'林出差'吧！"我怔了一下，恍然大悟。原来娃娃的"买买买"是对于妈妈陪伴缺失的自我补偿啊，了了分明的娃娃心，足以棒喝一个忙碌的心理人呢！

认识了有关安全感可能会存在的误区，接着我们来识别伪安全。

所谓伪安全，是看起来很安全，事实上比不安全更加危险。

撕开身上的"伪安全"

在生活和工作中，也许你常会遇到这样一些人：跟他们在一起的时候，你总觉得自己很不安，而对方很强大，貌似有十足的安全感。然而，这些貌似安全感很足的人，往往会成为我心理咨询室里的座上宾。因为，只有咨询师和他们自己知道：那样的"安全感"，其实是"伪安全"，一不小心，就可能带着自己和孩子坠入心灵的万丈深渊。

就像我们前面所讲的，不同的人可能会把自己的安全感建立在不同的假设之上。比如"遥控器父母"，他们拿着遥控器来操控孩子，希望孩子完完全全按照自己所期望的样子来成长，一举一动都符合自己的想象。我们身边常常会有类似的人出现。比如，跟他在一起的时候，我们会觉得很有压力，会觉得这种人应该很有安全感——

因为他总想要控制所有的事情，总是表现得很强势。事实上，这样一类人是把自己的安全感建立在"我要让所有的事情、所有的人按照我所期望的来发展和行动"。这个假设是不是永远都成立呢？总有一天，当事情的走向或他人的反应无法再按照自己所期望的轨迹去发展时，这样一种类型的安全感就会坍塌。

那么，在充满控制和强势的母爱之下成长起来的孩子，又会怎样呢？

有一次，讲座开场前，我在酒店餐厅吃早饭，遇到一对母子，男孩十来岁。两个人端着餐盘刚在我旁边坐下，就听到"砰"的一声，妈妈把餐盘重重地放在桌上，指着孩子的餐盘说："你看你吃的都是什么呀？我跟你说了，这些都是垃圾食品！"然后不由分说地将孩子的餐盘拿到一边，把自己的盘子重重地放在孩子面前，生气地说："都这么大了，还不能独立！"

这个小插曲，被我放进了当天和之后的每场讲座里。每次我都会问大家，这样的妈妈用这样的方式跟孩子相处，孩子有没有可能独立呢？每一次，我也会在现场分享其他几个不同的关于强势妈妈和儿子发展的故事。这些年来不断看到各个媒体上越来越多的朋友在分享这个话题，讨论强势的妈妈会造就一个怎样的儿子。

要特别澄清的是，强势不等于内在的强大。所谓强势，是以自己的意愿强制别人行动、不由分说把自己所有的想法强加到他人身上，包括对事态的判断和对未来方向的把握等，心里没有任何空间去聆听他人所想。

爱控制和强势的爸爸妈妈并不少见。为什么强势的妈妈更容易"制造"一个有问题的儿子呢？因为强势的背后有一句潜台词："我是对的，你得听我的。"而妈妈在家庭当中本该更多地扮演孩子的情感支持者和倾听者的角色，当家庭的情感功能受损，孩子出现社会适应问题的可能性就会增大。

强势的妈妈也许可以培养出一个同样强势的女儿，但是她的儿子却往往发展出两个极端。

其中一个极端是"啃老"——"啃老族"中男性比例明显大过女性。为什么要"啃老"呢？那是因为"既然妈妈你说的都是对的，好啊，那我这辈子都听你的，我就把我自己交给你了"。

另外一个极端是，"你说你是对的吗？好，我就用我的一辈子来跟你作对，证明你错了！"

所以，许多问题儿童、问题少年乃至问题青年，其实只是通过"问题"进行无声的呐喊，希望按自己的想法去呈现、去生活。他们也知道自己的行为表现并非自己内心真实所想，所谓的"问题行为"只是在窒息的心理环境之中拓展自我空间的不恰当工具而已。

控制与强势型的伪安全类型的人，工作中可能常常处于领导地位。在别人眼中呼风唤雨、无所不能的他们，内心却常有着无法言说的恐惧，"虚张声势"的背后，其实跟我们一样渴望着被爱、被理解和被接纳，渴望着真实的安全感。读懂他们的内心，下一次再"短兵相接"时，你就不会那么不安，压力也不会那么大，你会转而开始心生同情。

我们再来看另外一种控制，它不像拿遥控器或者挥舞指挥棒的类型来得那么有冲击力，甚至让人觉察不到它是控制，可是事实上，它就像一把软刀子，会慢慢地杀死孩子身上的生命力。

《母爱的反面》中有一张作品，一位年迈的母亲正一脸慈爱地给中年发福的儿子梳着头，仿佛他还是一个小婴儿。这幅作品让不少妈妈开始反思，原来自己也在用这样的方法控制孩子。我们以为是在爱着孩子，所以竭尽全力地照顾着他们，可是，每个孩子就像一颗种子，有自然向上生长的渴望和本能。假如我们在头脑中始终将孩子定格在婴儿期，就会不由自主地总是以对待婴儿的方式对待他们。就像这个作品当中的男士，他变成了一个巨大的婴儿，又怎么可能有持久的安全和快乐呢？

再来看下一种伪安全类型：完美主义。

人人都有追求完美的倾向，只是有的人表现得格外严重，比如那些完全不能接纳孩子在成长过程中有任何瑕疵的父母。假如孩子的举止让他们难堪了，他们甚至可能连想死的心都有。

我记得华人心理剧大师龚鈇老师曾分享过一个案例：一个过度追求完美的18岁女孩，身体不能正常发育，最后发展到不能进食、生命垂危。

巧的是，另一位日本心理学家也分享了一个类似案例。两个女孩的成长过程惊人地相似。她们都有一个追求完美的妈妈，因为追求完美，最后在两个孩子看来连食物都是肮脏的，所以她们厌食，而厌食的背后，是害怕食物玷污自己的生命。

大量的案例证明：如果凡事过度追求完美，对孩子有太多条条框框的限制、指责，导致孩子不敢以自由和真实的状态与外界互动，孩子就很容易产生进食障碍或者强迫症。

过度追求完美的人，其安全感是建立在"只有我是完美的，我才是安全的，别人才可能喜欢我"的假设之上。然而我们知道，每个人都有自己的看法，没有任何一个人会被所有人认为是完美的。有一天这个现实摆在过度追求完美的爸爸妈妈面前的时候，他们的世界就会坍塌，而这种坍塌又会反过来影响孩子。

这也正是我在前面的章节里分享《不完美小孩》这首歌的原因。当我们内在放松了，接纳了自己的不完美、接纳了孩子的不完美时，人生就有了建立真实安全感的空间。

再看第三类伪安全类型：攻击与防御。

在安娜·拉德琴科《母爱的反面》系列作品里，还有一个浑身长刺、紧抱孩子的母亲。环顾四周，你会发现我们身边这类人比比皆是。他们随时随地都竖着全身的刺，仿佛想要保护自己，而在他人看来，他们好像时时都在发起攻击。不管你说什么，他们要么针锋相对，要么就以冷漠疏离来抗拒。如果父母是这样一种类型，坚信"只有我主动攻击别人、我才安全"的话，孩子就会像画面当中的女孩一样，痛苦非常。

这样的养育方式，不但不能给孩子真正的安全感，反而会让孩子觉得整个世界都是可怕和不安全的。

第四种伪安全类型：高高在上。

还有一类母亲，像女王一样高高在上，而孩子则成了她们的"随从"。事实上，生活中很多在别人眼中"高高在上"的人，是因为不知道怎么跟别人相处，才把自己"束之高阁"的。以距离来制造安全感的他们，内心一样充满恐慌。

假如这样的爸爸妈妈对自己的伪安全没有觉察，就会用类似的方法来对待孩子。他们会认为"只有保持我高孩子一等的权威感，我的孩子才会按照我的想法去发展，才会是安全的"。这么做的结果，是最终完全剥夺了孩子建立内在安全感的可能性。

所以，"放下身段"是这类父母的必修课。只有发自内心尊重孩子作为独立生命体的平等性，跟孩子保持相同的身份高度，父母才有机会从孩子的视角来了解他们的真实感受和需要。

最后再看第五类伪安全类型：工作狂。

50年前，有一种荣誉叫"劳模"；50年后，有一种悲哀叫"过劳模"——一字之差，一生之伤。过劳模的极致是"过劳死"，而过劳死的早期症状是"工作狂"。

工作狂往往是将自己的安全感建立在不断向外证明自己的价值之上。他们内心的假设是：如果我不够努力、不够优秀，别人就会瞧不起我，我的生命就是没有价值的。他们认为：只有我不断地证明我的价值给别人看，我才能被外界认可，才是安全的。然而，外界的认可如天上的浮云般变幻莫测，人们越是依赖它、追逐它，它便越是会将人诱入深渊，使人离自己的内心和真实自我越来越远，更不可能走进孩子的内心，帮助孩子建立安全感。

某位企业家，前几年因为家庭暴力新闻而引发争议，而我更关注的是新闻背后这位企业家的成长历程。是什么让他成为一个工作狂？是什么让他"本来没有想要家庭这样的东西"？

这位企业家告诉记者，他从小没有跟父母一起生活，后来虽然回到了他们身边，但记忆当中更多的是父母的严苛、责罚与完美主义。他特别提到，有一天他把作业拿回家，妈妈看到字没写好，一怒之下就把作业撕了。他说，包括妹妹在内，他们一家四口之间"从来不知道什么叫'亲密'"……

假如时光能倒流，假如当年的他能从家庭中获得足够的安全感，或许他真的不需要那么疯狂地工作来填补内心价值感的亏空了——事实上，当内在缺乏安全感，无法形成自我肯定，外部无论如何努力和成功，也没有办法令心灵安住；而所有向外的伤害，往往都源于一颗曾经被伤害的心。

谴责家暴行为的同时，也愿更多的父母在这位企业家的讲述中反思自己，让更多的家庭和孩子免受身心伤害。

借着以上几种伪安全的类型，想邀请大家再次问问自己："我的安全感是建立在什么之上的呢？那是真的安全感吗？"

接下来，我要请出一个不一样的人。

2013年4月20日，雅安地震。当时就读于四川某大学的小黄同学，不但自己安全逃离宿舍，还抢救出宿舍里同学们的六台电脑、三个单反相机和一只小乌龟。

每次讲座时，当我说到小乌龟，现场总会响起热烈的掌声，送给这位外表平凡、内心温暖的"中国好室友"。隔着千山万水，人们仍然能够感受到来自他的温暖与力量，而这份力量，与父母能否给予他更优越的物质条件无关。

当一个人内在安全感充足的时候，往往更想做的是给予，而非索取。

20世纪50年代末，美国威斯康辛大学动物心理学家哈洛做过一个非常有名的"恒河猴实验"，他让新生的婴猴从出生第一天起同母猴分离，之后的165天与铁丝妈妈和布料妈妈在一起。铁丝妈妈的胸前挂着奶瓶，布料妈妈则没有。虽然婴猴同铁丝妈妈在一起时能喝到奶，但它们宁愿依偎在布料妈妈的怀抱里。

柔软的拥抱和爱，对一个小生命来讲是如此重要，甚至可以超越"有奶便是娘"。实验中，当小猴子感受到恐惧的时候，它同样毫不犹豫地选择了那个让它觉得柔软、能够给予它爱的感受的布料妈妈。得到了"妈妈"的拥抱之后，小猴子很快平静下来，又开始自在玩耍。

回想一下，面对孩子的时候，我们自己更像"铁丝妈妈"还是"布料妈妈"呢？我们能不能放下身段，以柔软的方式来对待孩子？这是帮助孩子建立安全感非常重要的一步。

现在，我想请您感受一下自己身体的各个部位，此刻，它们是柔软的还是僵硬的？通常，当我们承受了过多的压力时，身体会不自觉地变得僵硬，表情也会开启"无表情 (still face)"模式。如果我们常常以这样的状态出现在孩子面前，孩子会怎样呢？

有安全感的孩子，并非对这个世界没有任何的恐惧，而是很确信地知道自己的恐惧可以被接纳，自己有力量面对它。一个看似悖论的真相是：当我可以在你面前自然地呈现内心恐惧的时候，我就是安全的。

相反，孩子越是感到不安，就越是不敢对父母显露真实感受，这样他们内在经历的恐惧便无从缓解，而父母也就错过了帮助孩子的最佳时机。

身体的僵硬会导致言语的僵硬。问问自己，面对孩子时有没有说过——

不要怕，没什么好怕的！

男孩子怎么这么没出息？

你看人家小明多勇敢！

你不行！

……

假如我们曾经有过这样的表达，那么从今天开始提醒自己：接纳孩子的恐惧，才能帮助孩子建立安全感。能够接纳孩子的恐惧及其他负面情绪的父母，才是真正有内在安全感的父母。

缺乏安全感的人，往往很焦虑，总是担心有不好的事发生；缺乏自信，过于在意别人对自己的看法，关键时刻总希望依靠别人，但内心深处对自己和别人又都不信任，总是抱着深深的怀疑；人际交往困难，要么退缩不合群，要么频发冲突；总觉得自己生病了，对死亡异常恐惧⋯⋯

缺乏安全感的人，在日常生活中可能表现出：

1. 喜欢开灯睡觉，怕黑。

2. 睡觉习惯抱着东西。

3. 不相信情感。

4. 吃很多或者不吃。

5. 喜欢抱臂，内心有莫名其妙的孤单感。

6. 不爱说话或说个没完。

7. 总想把身体蜷缩起来。

⋯⋯

种种这般，常常是内心渴望更多支持的重要信号。尤其是，许多安全感缺失的孩子，会在某个阶段特别依恋某一样物品，比如一床小被子或者一个毛绒玩具。特别提醒大家，不要野蛮剥夺孩子的依恋物品——即使那个物品看上去已经很脏很旧。很多不明就里的长辈好心地给孩子换了一个新的，结果招致孩子剧烈的情绪反应，因为那个看上去又旧又破的东西上面，也许有"妈妈的味道"，而长辈扔掉的，恰恰是孩子们正极力寻求的安全感。

"妈妈的味道"，这是10多年前我的一位小来访者亲口说的。爸爸带他来见我，是因为发现6岁的他无论走到哪里都要带着自己的小枕头，不然他就极度焦躁。奶奶心疼孙子，索性花大价钱给他买了一只"更高级的"，把原来的小枕头随手扔进了垃圾桶。没想到，孩子哭得昏天黑地、伤心至极。爸爸觉得不可理喻而又束手无策，直到在咨询室里听到孩子说"小枕头上面有妈妈的味道"，爸爸才一怔之后流下了眼泪。原来，他和孩子的妈妈三年前离了婚，奶奶生孩子妈妈的气，不让她回来看孙子，所以孩子已经三年多没有见到妈妈了……

小枕头没了，但幸运的是，爸爸给了孩子一个表达的机会，因而听到了孩子内心的需要，并且最终说服奶奶，恢复了妈妈和孩子的联系。

所以，在我们还无法搞懂孩子每个行为背后的意义之前，请先学会倾听，因为孩子会告诉我们，怎样做对他们来讲才是更好、更安全的。

安全感小贴士：

1. 放下身段，倾听孩子的内心，跟孩子真诚对话。这个功课，可以从宝宝还在妈妈肚子里的时候开始——我们去不同的地方、有不同的安排或体验时，都可以轻声地告诉宝宝，让宝宝跟我们保持同频同在。

有一张来自日本迪士尼乐园的照片：在游行花车即将通过的道路上，突然，有一个得了唐氏综合征的孩子横街躺下。这时工作人员走了过去，他不但没有去拉孩子起来，反而自己也躺在了孩子身边，指着孩子眼睛所看的方向问："你在看什么呀？好玩儿吗？"

跟孩子保持同频，这是帮助孩子建立安全感的好学、好用又很可贵的方法之一。与其说它是方法，不如说它是一种值得父母贯彻一生的态度。

2. 温暖而不繁复的环境。孩子离开妈妈的子宫来到这个不确定的世界之后，外界环境对于他们安全感的建立也至关重要。这个环境要尽量避免复杂，不宜过大或过小，温暖、柔软、舒适、光线柔和即可，让孩子能够安心地在其中玩耍或者睡眠。

3. 拥抱和抚触。越来越多的父母知道了婴儿抚触的重要性。其实不仅仅是婴儿，对大宝宝和成人来说，安全的抚触也同样有着重要功效，能够帮一个人较快平复情绪、放松身心、重建安全感。一个延伸的小技巧是：想让孩子独自睡小床时也能很安心，大人可以用柔软的抱毯将孩子轻轻地裹成一枚"小粽子"，然后再放进小被窝里。圆子从小就这样"粽子睡"，一觉到天亮，脸上笑嘻嘻，从来没有"起床气"，有抱毯的功劳，也有睡前小游戏的功劳——小家伙最喜欢乖乖地趴在床上，一边听妈妈念"炒萝卜炒萝卜切切切、包饺子包饺子捏捏捏"，一边享受妈妈"切切切、捏捏捏"地给她做全身按摩和抚触。这个小游戏从小玩到大，圆子一直乐此不疲。

4. 不强制进食、不强制排便。中国长辈大多对孩子的"吃喝拉撒"格外紧张。如果说满屋子追着喂饭是一道随处可见的中国式风景，那么不由分说地脱裤子把尿则是心照不宣的中国式秘密。事实上，吃喝拉撒是人的本能，强制和干涉只会影响内在安全感的建立，制造更多的问题。比如，过早和过于严格地训练排便，可能会导致孩子性格拘谨、刻板、固执乃至吝啬。所以，了解和尊重孩子每个发展阶段的节奏，是每位爸爸妈妈都要去学习的。相信孩子有能力觉察自己的饥饱、相信孩子有能力学会自主排便，孩子们才有可能真正发展出自信且懂得取舍的良好个性。

5. 不撒谎。绝大多数父母教育孩子，总要强调"不许撒谎"，可轮到自己时，却似乎总是有千万条理由不讲真话。如何做才不至于"分裂"孩子、破坏孩子的信任与安全感呢？一个重要的智慧是："不能讲真话的时候，也不讲假话。"关于这一点，我最喜欢用一个小故事来举例。故事说的是，古代有一个国王，他做了一个梦，梦见自己所有的牙齿都掉光了。好奇的国王找来一位全国闻名的巫师解梦，巫师一听连连摇头，"哎呀国王，大事不好！这个梦预示着你的所有亲人都将先你而死！"国王一听大怒，下令将巫师关进大牢。不甘心的他又找来第二位巫师，第二位巫师听了之后立刻击掌赞叹说："哎呀国王，恭喜恭喜！这个梦预示着你比你所有的亲人都活得长！"结果如你所想，国王听了大喜，下令"重重有赏"。两位巫师，其实说着同样的事情，可是同样的"真话"、不同的讲法，结局却大相径庭。作为父母，如果面临"真话困境"，不妨学学第二位巫师的讲话艺术。

6. 高品质陪伴。职场父母最大的挑战之一是"工作与生活的平衡"。理论上他们知道陪伴孩子的重要性，然而现实却仿佛总是"此事古难全"。事实上，比陪伴时长更重要的是陪伴的品质——如果父母心不在焉，那么即使24小时都跟孩子在一起，却仍然无助于孩子安全感的建立；相反，如果父母与孩子在一起时可以做到全身心的专注，那么哪怕时间很短，孩子也会接收到满格的爱与安全的信号。

7. 不拿孩子当"出气筒"。父母的情绪化是孩子内在安全感的最大杀手。家庭当中，孩子最容易被当作情绪宣泄的工具和出口，近些年来，不断有因为夫妻口角而摔死孩子或与孩子同归于尽的悲剧发生，父母的戾气、怨气不消，孩子的安全感就永远只能是虚幻的。

8. 3岁前不入园，小学期间不寄宿。在全国进行巡回讲座时，我常遇到由于各种"不得已"的原因而把两岁多的孩子送进幼儿园的父母，也常遇到许多希望"给孩子更好的教育"或"培养孩子的独立能力"而为孩子选择寄宿小学的父母。殊不知，父母的"不得已"有一天可能演变成孩子的"无所谓"，而过早的"独立培养"则往往拔苗助长，活生生剥夺了孩子寻求情感需求满足的权利。

澳大利亚儿童教育专家史蒂夫·比达尔夫特别写了一本叫作《养育孩子：三岁以下应该进托儿所吗？》的书，提醒父母过早送入托儿所的孩子更容易发展出攻击性性格、反社会行为以及其他的心理问题，这类孩子长大后也更容易遭遇人际关系问题，不容易与人建立密切的关系。

牛津大学的教授对1200名孩子进行跟踪研究后也发现，从小被放在托儿所里的孩子在青少年时期更有"攻击性"。

在这一点上，我很欣赏华德福的教育理念：以孩子换牙期作为重要的标识，根据孩子生理和智力的发育节点来安排教育的节奏，就像我所钟爱的一句谚语所言——时钟的价值，不在于走得快，而在于走得准。

9. 教会孩子自我保护，而非吓唬孩子使其寸步难行。教给孩子自我保护的具体方法，孩子会逐渐发展出跟外界安全互动的方法，而笼统地恐吓孩子，只能令他们不知所措。许多长辈，一方面教育孩子"不要和陌生人说话"，一方面又指责孩子"见到陌生人就躲，一点也不大方"。解决之道是：用朗朗上口的儿歌教孩子一些他们听得懂、记得住，也愿意学的方法，让他们明白"陌生人"并不完全等同于"坏人"，他们只是我们不了解的人；面对不了解的人和可能会有的伤害，孩子们该怎么保护自己。

将"陌生人"和危险联系在一起，会让孩子不自信。相反，有针对性地告诉孩子"什么样的人是狡猾并且应该远离的人"，则会让孩子们自信满满地加以有效分辨。比如：向孩子而不是大人寻求帮助的人、怂恿自己做反常行为的人、说"不要告诉大人"的人、想带自己去偏僻地方的人，等等。

有一天早晨，我路过一所幼儿园，孩子们正与爸爸妈妈挥手告别，园里则播放着节奏欢快的儿歌迎接孩子们入园。仔细一听，歌词写得跟旋律一样棒极了。我立刻搜索下载，推荐给了所有听我微课的家长们，也同样推荐给家有幼儿的读者们——

我不上你的当

词曲：陈爽

演唱：小斯韵

我不上不上 我不上你的当

星期天的早上我陪妈妈买菜

妈妈说我真听话我越来越乖

妈妈有事儿离开

叫我在原地等待

过了一会儿一个叔叔向我走来

（叔叔）小朋友 叔叔给你糖吃

你跟叔叔去玩好不

我不上不上 我不上你的当

我们之间没有什么话好讲

我不上不上 我不上你的当

我看你就是传说中的大灰狼

他们都夸我是一个聪明的小孩

再好吃的东西我也不理不睬

如果家里没人

只有我一个人在

陌生人来敲门我怎么也不开

（阿姨）小朋友开门啊

我是来你们家收电费的

我不上不上 我不上你的当

我们之间没有什么话好讲

我不上不上 我不上你的当

我怀疑你是传说中的大灰狼

我不上不上 我不上你的当

我们之间没有什么话好讲

我不上不上 我不上你的当

我怀疑你是传说中的大灰狼

......

10. 提高自己的安全感。这是最后一个提示，也是建立终极安全感最核心的部分。想要让孩子们更好地建立内在安全感，父母要先知道如何提高自己的安全感。比如，每天给自己一点时间，做做放松练习，做做瑜伽，或者慢步走；如果有早期创伤或者情结需要面对和解决的话，不妨向专业人士敞开心扉；试着与家人分享自己真实的感受；等等。更进一步要思考的是，对于生命的终极意义及生死，我们的理解是什么？这个问题看上去有点高大上，但其实它跟每个人都息息相关。只有一步一步不断尝试着回答"我是谁？我从哪里来，我到哪里去？"我们的内心才能够越来越强大，越来越有安全感，进而帮助孩子构建一个温暖、舒适、有利于他们成长的心理环境。

安全感贯穿我们的一生。本书所谈的关键词里，也都会有与之相关的、需要我们去了解的新课题和新方法。读到这里，你不妨稍事休息，消化一下前面的内容，然后完成这一章的作业。

作业

1. 低龄孩子的父母，与宝宝一起听《我不上你的当》，观察孩子的反应，跟孩子一起哼唱。如果你愿意一人分饰二角、夸张搞笑地把歌词内容表演出来，那就更好啦！尤其可以反复表演那一句金玉良言："我们之间没有什么话好讲！"

2. 为自己和孩子打分。假如在0分到10分之间给一个人的安全感打分，0分代表完全没有安全感，10分代表十足的安全感，你和孩子的安全感分别是多少分呢？同时，再问问自己："如果我希望自己和孩子的安全感都有所提升，'先立一个小目标'——比如要想提高1分的话，我分别能够为自己、为孩子做些什么呢？"写的过程就是成长的过程，写下来，然后向着相当于"1个亿"的重要1分前进吧！

3. 对照下面的五个指标，看看自己离安全型的父母还有多少距离：

- 允许孩子犯错。
- 没有恋子情结。
- 相信"儿孙自有儿孙福"。
- 正向提问而不是负向否定。
- 做自己情绪的CEO（管理者）。

心灵茶歇：妈妈们的作业分享

第一份

我给自己打5分，因为我的安全感是建立在控制感的基础上的，如果无法控制或者别人来控制我，我会非常不安、焦虑。在亲密关系和亲子关系中，我很难被取悦，自己能给出的爱和温暖也有限，不太熟悉的人总是觉得我冷冰冰的或者太理智。

我给儿子打7分，他比我分高是因为他有爱和温暖的付出，他会在大雨天陪那些父母没有来接的同学，照顾关心比他小的孩子，阻止别的孩子虐待动物，认识他的人都说他是小暖男。但是减分的地方在于他没有力量去对抗那些强过他的人，还有，他经常来取悦我这个很难取悦的妈。

如果要提高1分，我能努力的是：当觉得孩子不受自己控制而自己又很抓狂时，问问自己为什么此刻这么抓狂，然后克服自己心中的焦虑，把驱使自己想要控制的那只"小魔爪"摁住。

平时，多关爱自己，给自己多点心理能量的补给，试着接受那些不可控的不完美。儿子10岁，即将步入青春期，我想给予他的是我坚定不移的目光，并告诉他，不管他想成为怎样的自己，妈妈总是在这里看着他，在伸手可及的地方看着他。少些控制，他就能多些力量。

对于刚刚出生的女儿，我想，我能做的有很多，但其实想想能做到上面说的，就已经很好了。接受自己是个不完美的妈妈，也是给女儿最好的礼物。

第二份

如果说打分，那我给自己打6分，给孩子打7.5分。看到缺乏安全感的例子时，总能在其中找到自己的影子。自己的妈妈就是控制型的，所以老师说的控制、强势、追求完美，我都有切身体会。为了提高孩子的安全感而修炼自己，也是我接受心理咨询的原因之一，可以说受益匪浅。我可以很清晰地感受到自己和孩子的安全感都有所提升。我会继续通过持续学习来不断成长。

第三份

很庆幸听到林紫老师的讲座，让我有机会发现自身的问题，知其然，知其所以然，做更好的自己，做更好的妈妈。

我为自己的安全感打5分，给孩子打7分。老师讲到的追求完美的原型和长满刺的母亲的特质，在我身上都有体现。我老是怕别人觉得我不够好，想要把每件事做得再好一点，因此让自己很疲惫，有时候太在意，效果反而不太好；我总会从别人的语言中听出其他的意味，衍生出一些偏见，然后就会刻意回避交流接触，或者针锋相对，会让别人觉得我不是很合群。

我的女儿还小，我会尽可能多地给她照顾与陪伴，全然接纳与欣赏她。我觉得她的不安全感除了来自我们可能存在的过度保护，还有就是她与生俱来的，所以我给她打7分。

让自己的安全感提高1分：向内走，不太在意别人的看法，多认识与接纳自己，做自己欢喜的事情，不顾虑太多，放松自己。

让宝宝的安全感提高1分：试着让她更多地

接触外面的世界，少一点瞻前顾后；不从大人的层面屏蔽孩子应该接触与面对的东西；和宝宝在一起时尽量从孩子的角度看问题。

第四份

安全感打分，我给自己打6分，给孩子打7分。要提高孩子的安全感，首先要提高自己的安全感。孩子和现在的社会环境令我有些焦虑不安，但我知道我的焦虑会影响孩子。我会试着慢慢放下，从更长远的眼光来看待孩子的成长。另外，我要真正爱自己，做最真实的自己；接纳自己的每个想法和念头，特别是负面情绪；活在当下，慢下来。对于孩子，当她出现不能忍受的行为和情绪时，我试着慢慢去接纳并与她"共情"，帮助她找到合适的表达方式，鼓励老公参与到孩子的教育中来。通过故事、游戏和外出的方式提高她内在的安全感。

第五份

面对不确定的事情时，我很容易焦虑，无

法放松。如果事情很突然，超出我的预期，我会不知所措、灰心，并很快就放弃了，不去补救。所以我给自己的安全感打4分。

7岁的女儿，似乎是放大了我的焦虑：出门时她会担心钱有没有带够，车子还有没有油；因为担心会坐过站，她在高铁上坚持不睡觉；一家人一起出门，突然看不见爷爷她会急得跳起来说爷爷丢了；在游戏中她不能接受别人比自己好，不能接受输；她写字的时候要写得和打印的一样才会不哭。所以我给女儿的安全感打3.5分。

自己的安全感提升1分：可以试着放松，接受"我值得拥有、值得被爱"；不委屈自己，累了就休息；满足自己爱美的需求和对美食的需求，不以是否浪费钱和有用为评价标准；倾听自己内心的声音，做自己的心理父母，呵护自己，减少对外部事件及人的安全依赖；抽时间散步，在生活中觉察自己的心理活动，接纳自己的情绪。

孩子提高1分：当孩子哭闹时，觉察自己的

情绪，让自己平静下来再处理孩子的情绪，少给孩子焦虑的暗示。接纳孩子的真实情绪，倾听孩子，尊重孩子，相信她的生命力，不拿完美主义要求孩子。如果孩子有需要，就全身心地陪她。

第六份

我觉得孩子的安全感可以打8分或者再多点。他相信自己够好，尿床了会说："妈妈，好孩子尿床了也是好孩子。"他有能力照顾自己，在离开我的情况下会很独立。在与别人发生摩擦，或者对别人有所不满时，他会用合理的方式表达，勇于继续追随拒绝他的小朋友，直到对方接纳，或者另找玩伴。他跟在我身边的时候倒是会故意黏我，让我陪他，不让我和别人说话，要我先陪他玩或者说话；故意用不够礼貌的方式跟姥姥或姥爷表达拒绝和不满；有时候早晨故意让我给他穿衣服，如果是自己穿衣吃饭穿鞋上学去，一路上就会很高兴地说，一早上他就得了好多个"棒"，他是发自内心觉得自己很棒。

第七份

我自己的安全感最近提高不少，可以打6.5分吧，以前在6分上下徘徊，情绪不稳定。工作和生活能力上，我知道自己有强项也有不足，不怕来自别人的批评和不够好的评价了。以前总觉得别人比我强了或者意识到自己不够好了就要学习补充，一直学习补充，一直得不到所有人认可，自己也不够满意。听了安全感的课，我才知道是内心不够肯定自己，以为完美了才会有人爱、有人认可，所以作茧自缚了。现在遇到客户不满意或者合同没谈成，我可以坦然面对了。我开始知道：事实上，我的能力已经足够我好好地活在世上了。做妈妈，以前总对自己不满意，总觉得自己不够好，自从上次夜里那个情绪要爆发的愤怒被分析解决了以后，我知道我是个尽心尽力的好妈妈。为了更好地爱孩子，我努力调整自己，学习心理学等，认真完成自己的人生功课——我不完美，可也尽力了。以后，孩子的需求我会让家人来承担一部分，我也会学习如何尊重和满足自己的需求。情感上，我依然害怕，害怕爱人批评我强势不够温柔、乱发脾气、情绪不稳定、不甘示弱，但内心里又觉得自己是被欺负的弱者，不敢也不会表达"我需要你的关爱"，稍有情感挫折就退回回避状态——"我不需要"。另外，我不会和妈妈温馨相处，和妈妈情感联结不上，有隔阂，很想打开心结，又怕跟妈妈相处，因为妈妈总是不自觉地暗示我过得不够好，做得不够好，我的孩子不够好，我的爱人不够好，我无意识地就接受了，情感上却又有矛盾冲突，于是我便莫名地发脾气。

如果我的安全感要提高1分，当下最快捷有效的方法就是与爱人和孩子多拥抱抚摸吧，学习语言以外的情感沟通方式，也许坚持一两个月的拥抱抚摸，我的内心会柔和得多，敢于示弱，有勇气对爱人和爸妈表达我的不满感受、我的脆弱和我需要关爱吧。要提高孩子的安全感，我不仅要做到情绪稳定，不对他倾倒情绪垃圾，而且要接纳他的不完美，多些高质量的倾听与陪伴，少些生活上的代劳。

补充阅读

伪安全——完美妈妈的内疚情结

（原文载于2011年8月30日《新闻晨报》林紫"爱之心经"专栏）

有一个周末，我带圆子去舅妈家看小弟弟。弟弟16个月，长得结实健壮。我夸舅妈会养孩子，没想到她眼圈一红，落下泪来。

"其实从儿子出生开始，我心里就充满了内疚感。"她说，"他被庸医折磨，我内疚；他从宝宝椅上摔下来，我内疚；母乳不够，我也内疚；我试着去上班，可一整天脑子里都是他哭着不让我走的样子，我觉得真是太对不起他了，内疚死了……我该怎么办呢？"

我轻轻拍拍她的手背，知道她和许多年轻妈妈一样，正在穿越必经的一场心灵历练。这场历练，与妈妈的完美主义情结有关。

完美主义的妈妈，会渴望给孩子完美的爱和完美的世界，明知不可能，却仍将自己假设为全能的守护神，假定自己可以并且必须不犯任何错误地养育孩子，可以为孩子遮蔽所有外来伤害的侵袭。于是，孩子成长过程中的每一次风吹草动，都会令妈妈心里波涛汹涌、自责内疚，甚至恨不能杀死那个"守护神"。

于是，完美主义的妈妈，更容易被产后抑郁袭击。完美情结的生成，最初往往是因为一个人把自己的安全感建立在了他人的评价之上，通俗点说，就是活在别人的眼光中。他们的人生假设是：只有所有人都说我好，我才是安全的。因此，完美主义者会竭尽全力想要消灭各种"不够好"，然而无论如何努力，最终他们都不得不承认：一人难合百人意。当建立在他人评价之上的"伪安全"层层坍塌之时，极度的自我怀疑和否定就会接踵而至，直到崩溃。

完美主义妈妈如想建立真正的安全感，就要将他人肯定转变为自我肯定，不再依赖他人的目光来寻找自我价值感。最简单却最重要的一步是，从修正自己的人生假设开始——只有我不再在乎别人是否说我好时，我才是安全的。

每次谈到这个话题，我都会想起十多年前的一位来访者Grace。Grace是一家著名会计师事务所的高级顾问，面容秀丽、气质高雅、能力超群，从小到大都扮演着别人眼中的完美女神，直到女儿出生。女儿的出生几乎令她彻底绝望，当护士把那个"丑陋的小东西"抱来给她看时，她忍不住失声尖叫起来："这不是我的，你们搞错了！"接下来的十四年里，Grace咬紧牙关，全力以赴，立志跟女儿的一切"不完美"斗争到底，因为"我绝不能让人说我'什么都好，就是生个女儿不如人'！"

Grace来见我的时候，正值炎夏。我一眼注意到她脖子上紧紧系着的丝巾，于是等待她慢慢开启心扉，把丝巾下面遮挡的秘密讲给我听。

十来分钟后，丝巾缓缓取下，露出深深的掐痕，Grace泣不成声。女儿和Grace对打，已经半年多的光景。这一次，女儿险些要了她的命。

"我对她的要求已经降到最低了，不要求她比别人做得更好，只要求她跟别人一样，可她却说我要把她逼死了……她如果连跟别人一样都做不到，这辈子活得该有多惨？别人又会怎么看？"Grace流着泪说。

我一边给Grace递纸巾，一边在脑海中快速描绘母女对掐的场景——那个场景中，其实不是母女对掐，而是一个叫作"完美主义"的凶神恶煞，伸出两只黑手，分别扼住了母女俩的咽喉。

被完美主义扼住命运咽喉的Grace们其实比比皆是，只是，在她们成为母亲以前，"伪安全"尽管辛苦，却也同时带来荣耀和满足；而孩子的到来，则毫不留情地刺破伪装，还原真相，让妈妈们不得不重新面对未完成的自我成长。

Grace的女儿，其实一样面容秀丽、能力超群，然而她从未感觉到妈妈的认同——因为妈妈自己从来没有认同过真实的自己。

给父母们讲课的时候，我常常会分享几年前媒体报道过的两位"完美女孩"的故事。一位叫袁远，20岁留学阿姆斯特丹时自杀。噩耗传来，没有一个人相信，因为从小到大，在别人眼里，她都是一个很阳光、很坚强的女孩，她的母亲、南京一中的黄侃老师说"她从来没让人操过心"……另一位女孩叫郭衡，28岁在麻省理工学院攻读研究生时自杀，也让所有的人震惊和不解。在别人眼里，她的一切都是那么完美——从形象到能力、从学业到爱情，她的人生"每一步都走得那么恰到好处，仿佛是踩着父母为她设定好的完美舞步"……

完美主义，让孩子的人生没有了余地。

曾经有一则新闻说，一位妈妈，逛商场时一个疏忽，孩子被电梯压断了手，妈妈自责至极，最后竟然带着孩子一起自杀了……多么令人难过的完美主义！

完美主义的妈妈们，要培养孩子的内在安全感，就要试着先接纳自己、他人和这个世界的不完美。

克服完美主义、破解伪安全的心理练习：

完美主义妈妈可以找个安静的时间，写下下面这些问题的答案：

1. 18岁之前，最让你感到自卑的事情有哪些？

2. 这些事情，现在回过头看，有哪些已经变成了你的骄傲？哪些变成了你的财富？哪些你差点都忘了？哪些还在困扰你？

3. 挑出现在依然困扰你的事情，采访身边三个最信任的人，问问他们的看法。

4. 采访一个你认为最完美的人，问问他们有没有过自卑的时候。

5. 找出身体上最让自己感到自卑（或不够喜欢）的一个部位，仔细端详和抚摸它，学着接纳它、感谢它、爱上它。当你真的爱上它，就请在这里写：我爱不完美的自己。

6. 大声重复"我爱不完美的自己"三遍，问问自己：这句话，最想大声对谁喊出来？

5岁男孩卓卓的妈妈做到第六题时，眼眶湿润了，她最想对自己的母亲——那个从小到大从来没有认可过她的人——大声喊："我爱我自己！不管你认不认可我，我都爱我自己！"

每个完美主义者身后，都有一个更加完美主义的妈妈或爸爸。童年认可的缺失，代代传递而不自知，于是整个家族被笼罩在强烈的不安气氛里。

如前所述，完美主义者，要想建立真正的安全感，就要将他人肯定转变为自我肯定，不再依赖他人的目光来寻找自我价值感。最简单却最重要的一步是，从修正自己的人生假设开始——只有我不再在乎别人是否说我好时，我才是安全的。

事实上，"人们喜欢完美的人"本身就是一个伪命题。过度追求完美的人，气场通常是僵硬和紧绷的，常给周围人带来无形的压力，令人退避三舍。而心理学研究发现：最受人欢迎的品质是"真诚"——真实而诚恳。因为不完美，所以更真实。对于一个有能力的人来说，不完美不仅不会使他失去吸引力，反而使人觉得他更可接近而受人喜爱。了解了这种"犯错误效应 (Pratfall Effect)"，Grace们是不是可以松口气呢？原来，想要孩子一生平安，我们不需要用一个不可能实现的完美养育过程，把他们打造成不可能存在的完美之人，只要学会接纳真实与缺憾，我们和孩子都会变得越来越有安全感。

完美主义的妈妈，可以跟孩子一起读读绘本《我喜欢自己》，用心领悟其中的每一句，尤其是："要是真遇到什么困难和麻烦，我也会向朋友们发出请求，因为每个人都有需要别人帮助的时候。"

完美主义妈妈可以试着这样调整自己：

1. 买3个橘子给自己，找个不被打扰的时间，将它们摆放在自己面前，旁边放一支记号笔。

2. 坐下来，轻轻闭上眼睛，深深呼吸，直到闻到橘子的香味。

3. 依然闭着眼睛，伸出手轻轻触摸橘子，然后挑选一个拿在手里。

4. 眼睛不必睁开，将挑选出的橘子捧在手心里，尽可能通过指尖、掌心和鼻子的感觉，来辨识和记住它的与众不同。（它是粗糙还是细腻？大还是小？形状圆润还是怪异？香味是淡还是浓郁？……）

5. 觉得自己已经完全了解了这个被拣选出来的橘子后，闭着眼睛用记号笔轻轻地在它上面打个勾，然后，将它和另两只橘子放在一起。

6. 用双手将3个橘子重新随意摆放后，依然闭着眼，试着通过感觉再次拣选出那个做了记号的橘子。

7. 睁开眼，看看自己练习的结果。如果没有选对，那么，再来一遍，直到自己完完全全感觉并记住了那个独一无二的"对勾橘"——当你做到了这一点，你会发现：原来，让你记住它的，恰恰是它那些不完美的小特点。因为不完美，所以生命才有了不重样的美，橘子如此，我们如此，孩子一样如此。

完美主义的妈妈们，还可以试试看，接受生命的真相——

真相之一：生命是动态的遗憾，而非静态的完美，孩子也不例外。

生命是一个动态的过程，唯有以开放的姿态允许各种经验进入，才能得到完整的成长。所谓完美，其实是人类控制欲和内心期待的混合产物，那些可控并且符合内心期待的人或物，或许完美，却会令人失去成长的机会。

真相之二：生命是无人可替代的修行，孩子也要自己面对人生的课题。

生命是一场修行，每个人都通过自己的经历和体验来积累能量和智慧，而最大的积累往往藏在挫折和打击里。疼痛、摔打、分离焦虑……所有这些，都是婴儿修习的重要课题，每个孩子的生命必须由他们自己来担当，妈妈们能做的，是相信他们的生命力、陪伴他们，而不是代替。

真相之三：生命是不断拓展心灵疆域的过程，孩子让我们看见自己的局限性。

养育孩子的过程，其实也是妈妈们不断拓展心灵疆域的过程。孩子让我们看见自己内心的担忧、恐惧和焦虑，看见自己的局限性。当内疚感来袭，也许我们可以换个思路——我的心量是不是可以再打开一些，是不是可以承载更多生命的主题？

接受了真相，内疚的妈妈们才可以克服对孩子的过度控制和依恋，重建自己的安全感，跟孩子一起健康成长。

放下操控，善待孩子的情绪性记忆

第一期"父母学点心理学"微课程，讲到这一课时我得了重感冒，不得已停课一周。学员们纷纷发来的问候令我感动，而更令我感动的是，好几位朋友还不约而同地将这个小意外看作是一次"延迟满足"的练习，主动觉察自己的情绪，发现延迟满足的能力大有提升。

"林老师，这是不是因为我比以前更有安全感了呢？"有人问。

答案很肯定。缺乏安全感的人面对突如其来的变化，往往焦灼不安，充满消极想象；而安全感越高的人，越能够适应变化和不确定，越善于品味"延迟满足之美"。

延迟满足能力的确很重要，能够有所作为的人，大多都是这方面的高人，而良好的安全感则是延迟满足能力的基础，然而遗憾的是，很多父母把它们的关系颠倒了。有的人知道延迟满足能力很重要，所以孩子一出生就开始了自以为的延迟满足能力培养，比如哭了不给抱、饿了不给吃，希望养个定时定量不哭闹的"科学宝宝"。殊不知，这样的处理会严重破坏孩子的安全感，又何谈能力的培养？

有段时间"江湖"上传闻说，为了培养孩子的延迟满足能力，为了孩子能够身心更健康，必须"哭了不抱，不哭才抱"。众人经过一段时间的实践和反思之后发现，尤其是对0—3岁的孩子来说，这恐怕是一个有百害而无一利的方式。因为在抱与不抱之间，我们其实已经在与孩子发生着情绪上的记忆关联，这就是我们本节的主题：情绪性记忆。

我们之前探讨过，假如孩子合理的身心需要没有得到及时和恰当的回应，孩子可能会对自己产生迟疑与困惑，对周围和自己产生不信任感，继而影响到安全感的培养。

就让我们从抱与不抱开始本节的探讨吧。还记得我们在前面分享的那个温暖的迪士尼故事吗？——患有唐氏综合征的孩子突然躺在马路当中，工作人员也就势躺在了她身边，问她看到了什么。

再次问问自己：当我们面对孩子一些没来由的、无厘头的，甚至在我们看来可能会影响某些要事进展的表现时，我们是不是也能够像迪士尼的那位工作人员一样，放下身段，柔软以待，真的陪伴在孩子身边，从孩子的视角来看这个世界呢？

这样的放下和柔软，其实考验的是我们在亲子关系当中是否具有安全感。通过之前的作业和分享，或许你已经觉察：心理养育看上去是在谈如何帮助孩子健康成长，其实过程当中我们也开始对自己有了更多的了解，自己的安全感开始重建，而自己成长历程中留下的一些遗憾和阴影也在慢慢被修复和淡化。假如我们自身的安全感不足，会给孩子的情绪性记忆带来什么样的影响呢？

我们之前谈到过，研究记忆的方法和对记忆的分类有很多种，其中一种分类是把记忆分为陈述性记忆和情绪性记忆。

举例来说，幼小的孩子摔倒了，孩子的陈述性记忆仅仅就是摔倒这件事本身。一个人从蹒跚学步开始慢慢成长的过程中，甚至在成年之后，摔倒都是在所难免的正常事件，假如没有对自己的身体造成较大的伤害和影响的话，那么无论记得还是忘记，它都不会构成对人生的任何冲击，它仅仅是人生众多琐事中的一个而已。

可是，不同的孩子在摔倒以后，却可能产生完全不同的情绪性记忆。这样的记忆，通常是来自身边不同类型的养育者。

以妈妈为例，如果妈妈的反应不同，孩子留下的情绪性记忆会有怎样的不同呢？

第一类妈妈，非常爱孩子，总是担心孩子受到伤害，一看到孩子摔倒，本能的反应是高呼："天呐，我的宝贝！快点让妈妈看看！有没有摔到哪里？"如果妈妈的反应是一面镜子，我们从这面镜子里看到了什么呢？我看到的是妈妈的紧张、恐惧、担忧，而这样的紧张、恐惧、担忧就制造了孩子在摔倒这件事情上的情绪性记忆。他会慢慢形成一个自我印象，不管是身体还是心理层面，孩子都会认为："如果我出了一点点差错或者状况，那就是一个了不得的天大的事，我的反应只能是紧张和恐惧。"

如果这一类妈妈心中的弦一直绷得很紧，孩子会长期处于这种紧张和恐惧的状态中，很害怕发生任何一丁点的意外，并且对于自己面对这些小意外的承受能力产生怀疑，认为自己缺乏处理这些意外的能力。

我们再来看第二类妈妈可能会有的反应。这类妈妈对孩子比较严厉，她很希望孩子能够像她所期望的那样非常顺利地成长，不会出现任何差错。她们对此通常的反应是："这么大了，路都走不好！"

这类妈妈的口头禅通常是："你都这么大了，你应该……样了！""你都这么大了，你看比你小的孩子都能……了！"当我们不断重复这样的描述，伴随孩子摔倒这件事情的情绪性记忆将会是自卑和羞愧。孩子会觉得摔倒是一件很羞耻的事，代表着自己的挫败和无能。

有着这类情绪性记忆的孩子，成长过程中往往很害怕别人的眼光，很担心自己出错，总觉得自己很多的事情都做不好，不如别人。

第三类妈妈碰到孩子出现状况的时候，第一反应是对孩子以外的事物产生相关的评价，而对于孩子本身的情感情绪却表现得很冷漠，没有任何反应。比如她们会吼："你看你！刚给你洗的衣服又弄脏了！家里还有一大堆，你自己洗！"

这类妈妈的口头禅通常是："你又搞砸了！""你又做错了！"陷入这种情绪性记忆里的孩子，会对自己的价值产生深深的怀疑。因为他们感受到的是：在妈妈眼中，自己是不重要的、没有价值的，是不值得被关心的。

一直重复这样的情绪性记忆，孩子的无价值感会慢慢发展为"不配得感"，觉得自己不配得到来自外界的关心，甚至连一件衣服都不如。

第四类妈妈发现孩子摔倒以后，会首先仔细观察孩子身体上有没有大的伤害，同时，会在孩子身边蹲下来，从身体语言上支持宝宝。她不一定马上伸出手去抱孩子，可是会用鼓励和等待的眼神看着孩子："宝宝，妈妈等你。""宝宝，你能行！"等孩子自己尝试重新站立之后，她可能帮他拍拍衣服，如果发现孩子受到了惊吓，她会温柔地将他拥入怀中轻声安抚。

被妈妈这样对待的孩子，同样经历的是摔倒事件，可是他们的情绪性记忆却全然不同，他们感受到关怀和温暖，学会用平静的方式来看待人生中可能发生的任何一个不确定事件，并且相信：无论发生什么事，自己都可以得到来自父母的支持和陪伴。

如果在孩子的情绪性记忆中，在日积月累的生活中，这样的关怀与温暖不断延续和加强，那么未来他们所呈现的，也将是同样的关怀与温暖。

　　有一次，我在飞机上遇到一对母女。小女孩1岁多，妈妈很年轻。孩子开始还比较安静，只是说想"拉臭臭"。妈妈于是不停地带她去洗手间，可是每一次都无功而返。拉不出臭臭，宝宝开始变得很烦躁，哭闹起来。妈妈顿时显得手足无措，满脸紧张和羞愧地扫了一眼周围的乘客，又指着空乘人员吓唬宝宝说："你如果再这样闹，哥哥姐姐就要把你拉下飞机了！"孩子一听，哭得更加撕心裂肺了。

　　我赶紧拍拍年轻妈妈的肩膀，请她试试用掌心顺时针轻柔地按摩孩子的肚脐，温暖按摩几分钟后，再带孩子去洗手间。

　　过了一会儿，母女俩回来了。孩子显然"胜利完成"了生理需要，重新变得安静而乖巧，小脑袋轻轻靠在妈妈的肩膀上。妈妈也安静并放松了下来，轻轻拍着宝宝的后背。令我感动不已的是，小宝宝居然也伸出小手，伴随妈妈的节奏，同样轻轻地拍起妈妈的肩膀来……

　　孩子的温柔，但愿每一位母亲都看得见。飞机上这位年轻的妈妈，差一点与这份珍贵的温柔失之交臂，因为面对孩子飞行中的身心不适，她情绪失控，险些把"拉不出臭臭"这样一个中性事件变成糟糕的负性情绪性记忆，经常如此，会让孩子对自己的身体产生潜在的负罪感和厌恶感。与此同时，孩子还会感受到母亲的无助与迁怒。

正如前面所讲，2岁以下的孩子，解释能力有限，讲不出到底发生了什么，可是情绪性记忆却会伴随她的一生。

我们不妨一起回忆一下：在陪伴宝宝的过程中，有没有什么时候，当你用关怀、温暖和平静的方式去对待宝宝时，宝宝也以同样的方式来回应你呢？在我和圆子的共同成长过程中，这样的事会经常发生，让我觉得很幸福。忙碌间歇，这些记忆常常以画面的方式跳出来，让我嘴角上扬、疲惫顿消。

摔跤、拉臭臭、背乘法口诀……其实都是人生中再正常不过的小事，然而正是父母对这些小事的回应方式，深深浅浅地影响着孩子的一生。

爸爸妈妈都希望自己的宝宝幸福，而幸福宝宝的一生，也不会只经历正向的好事。负性事件也是人生的组成部分，如果父母在负性事件中也能正向温暖地回应孩子的话，那么孩子的人生总体品质就会相对更高。相反，即便孩子一辈子都只遇到正向事件，如果伴随事件的往往是负向情绪体验，那么结局也会正好相反。

有一段国外的"路人实验"视频，内容是一个输了棒球赛的男孩，爸爸惩罚他"不许吃冰激凌"，还说："你害我们输了比赛，你没资格！"似乎觉得还不够解恨，爸爸又接着说："你是个没用的家伙，我不会给你买冰激凌的！"当父母给孩子贴上"没用"的标签，孩子就真的会慢慢变成一个"没用的家伙"，他们的头脑中会从此住进一个可怕的权威形象，每到关键时刻，这个形象就会凶神恶煞般跳出来，狠狠地打击和贬低自己。试想，如果我们是这个孩子，会产生怎样的情绪性记忆呢？我们刚刚经历了失败，本来需要的是安慰，可是这时连家人都不能提供支持，那该是怎样的孤独和绝望。

视频中，爸爸对孩子的第三次请求下了命令："给我去那里坐好，快去！"这样的命令，不仅把孩子推得更远，同时也教给孩子一个不恰当的回应挫败的方式，那就是："因为失败而寻求安慰是不对的，我活该只能困在原地，束手就擒。"

幸运的是，一个温暖的路人出现了，而路人之所以温暖，是因为他的记忆中有父亲作为他的精神支柱。路人对爸爸说："我们在人生中都会犯错，你只是想让他学到教训；人生本来就充满了挫折和挑战，孩子早晚都会体会到，他们现在需要的是'爸爸会是我永远的精神支柱'。"

接着，路人告诉这位父亲，他也应让孩子了解：父母也是会犯错的，因为父母也会犯错，所以父母能够完全理解、接纳和包容孩子在面对挫败之后的情绪体验。

整个视频，最令人感动而又意味深长的一句话是："人生本来就够艰难了，不需要再特别去制造困难。"

还记得我们之前分享的《不完美小孩》那首歌吗？很希望通过前面的分享，我们已经达成了共识，知道没有人能制造出完美人生，我们所能做的事就是：不为难自己，也不为难孩子。

如果我们想让孩子在挫败中学到宝贵的经验教训，那我们能做的不是在他们需要帮助、陪伴和支持的时候，把他们扔到一边、逼到死角，而是给他们一个温暖怀抱，用接纳和陪伴让孩子感觉到有属于自己的反思和总结的空间。

重要的事重复三遍：决定一个人一生幸福与否的，往往不是事件本身，而是伴随事件所产生的情绪性记忆。孩子输了比赛，就不要再让他输掉整个人生了。

生活中，很多父母常不自觉地试图通过剥夺孩子的欲望满足来惩戒孩子，殊不知，我们真正希望孩子学到的东西，会被淹没在羞辱和不配得感之中，令孩子一无所获且失去更多。

仔细回想，也许你会发现，我们常常在犯一个有趣而不可思议的错误——明明是想让孩子更好，却常常会先让他们觉得自己很糟。

可怕的是，很多时候，父母并不知道自己已经在为难孩子，甚至在把孩子逼上绝路。

有网友在这段视频后面留言说："想起小时候，每一次说'我要……'，就会被拒绝和羞辱的场景。同时又想到，当自己说'我不要……'的时候，又会被指责为不孝。我好几次站在30楼的楼顶没有跳下去，只是因为觉得他们会指着我的尸体继续重复说'大逆不道'。他们不知道，我已经站到楼上8次了……"

后面的内容里，我们会进一步探讨父母的抱持力。只有当父母自己有力量去面对人生的各种挑战时，才能够给予孩子力量，帮助他们在负性事件中产生正向的情绪性记忆。

中文中，"痛苦"这个词可以帮助我们更好地理解我们这个部分的主题。用针扎一下身体，身体会感觉到疼痛，"痛"是一个陈述性的记忆，会随着时间慢慢消退，可是假如这时有人在一旁评判说："这就是你该受的罪，你自找的，活该！"痛就加上了"苦"——一种比"痛"持续时间更久的情绪性记忆。

我们再换个角度，看看正向事件当中的负向情绪性记忆又会给我们带来什么影响。比如，孩子考了第二名回到家里，父母下意识地追问："你们班的第一名是谁？你们年级的第一名又是谁？"孩子的情绪往往一落千丈，心里得到的结论是："我不管怎么做，永远都得不到父母的肯定，他们永远看不到我的努力和价值！"你看，我们常常就是这么稀里糊涂地将好事变成了坏事却不自知。

再比如，有一阵朋友圈疯传一篇小学生作文。

星期二 雨

今天是三八妇女节。在今天，我要gǎn谢妈妈每天的辛苦劳动，为她做点事。

首先，我给妈妈讲了一个小故事。不过妈妈好像不喜欢我讲的故事，一直在看手机。这让我的心情大打折扣。我想，也xǔ我的祝福更让妈妈喜欢。

于是，我对妈妈说了祝福，可妈妈依然看着手机，我更加伤心了。我想这个办法也不行，我来给她chuí背吧。

开始chuí背了。我卖力地给妈妈chuí背，可妈妈还是看着手机，脸上没有一丝笑容，我更伤心了，准备给妈妈洗脚。

洗脚了，妈妈终于不看手机了。我的心情有一点点开心。我卖力地给她洗脚。洗完了，我希望得到一些chēngzàn，可妈妈yánsù地对我说："今天洗得不错，再重一点就好了。"我呆呆地望着她走出房间，她出门前还没忘说一声："快写日记。"

我的伤心的三八妇女节就是这样dù过的。

想象一下，如果我们是这个孩子，本来很想向妈妈表达爱，结果，妈妈竟是这样的反应，我们会产生怎样的情绪性记忆呢？

微课程中，我请学员们观看视频《七种管教方式》，现在你也可以找来看看，一边看一边思考，自己有没有可能就是其中的一种人？

接下来，我们讲讲亲子之间的情绪操控。

有一次，我为一家世界500强企业的高管们讲情绪管理，一位高管坦诚地告诉我："我知道情绪可以'杀人'，但是，老师你知道吗？我有时就是要专门用情绪来治一些人，我用这个方法吓唬住他们！"

很多爸爸妈妈心里也有同样的想法，所以会在家里上演很多情绪操控游戏。比如说，"烈士版"的父母会告诉孩子说："我们现在辛辛苦苦，我们不断搬家、换更好的学区房，都是为了你！我们愿意为了你牺牲一切！"试想，孩子被父母的"壮烈情绪"所操控，会有怎样的反应呢？

再来看"苦情版"。很多父母说："我们这一辈子没什么出息，我们家族的振兴全都靠你了，你是我们全部的希望！"当孩子背负这样沉重的情绪负重前行时，他可能会成为别人眼中的成功人士，但是内心却永远有一个声音说："那不是我想要的，那是他们想要的。"

再来看一种更常发生的事情，我把它叫作"君王版"。"君王版"的家长在孩子不听话时，会拿出情绪的"撒手锏"说："你再不好好吃饭，再不好好睡觉，我就生气了！"

在各种版本的情绪游戏之中，孩子也很快学会了情绪操控。"复仇版"的孩子因做了错事要付出代价时，会抛出一句话来告诉父母："我这个样子都是你们害的！""叛逆版"的孩子心里则会想："我就偏要让你们失望，我就是要专门跟你们作对，你们要我往东我偏要往西！"

再有一类孩子会变成"高级程序员版"，他们非常清楚父母的情绪路径，知道父母的情绪开关在哪里，并且不断制造一些小麻烦好看到父母、祖辈生气的样子，心里觉得其实是自己在掌控整个大局……

把所有这些内心独白和情绪瓜葛放大了看，你会发现：原来我们经常在重复的，并不是我们心里真的想要的。

所以，善待彼此的情绪性记忆吧。彼此善待，放下操控，学会用恰当的方式去回应孩子，尤其是他们有情感需要的时候。

我曾经在上海的地铁里遇到一位父亲，他声嘶力竭地呼唤着走散的儿子，而当十来岁的儿子在工作人员的陪伴下找到父亲、满眼泪水正想扑进父亲怀里的时候，父亲却突然飞起一脚，狠狠踢在了孩子的膝盖上，孩子差一点就倒下去了……

亲子间的情绪管理，路漫漫其修远兮。

找寻孩子时，父母处在非常焦虑、紧张、担忧、自责的情绪之中，而就在终于看到孩子的那一刻，所有的情绪瞬间纠结在一起，父母不知道如何处理，这些情绪就变成了盛怒。而此时的孩子刚经历了恐惧，本来需要足够多的情绪支持，可父母的盛怒却让他们误以为自己永远都没办法从父母那边得到帮助。他们只记住了父母火山一样爆发的情绪，而看不到情绪背后的关怀，因为他们没有得到那样的情绪性记忆。

孩子真的是我们最好的老师，只要我们用心聆听。我的女儿圆子简直就是我的"督导"级别的老师，有一天，她对我说："妈妈，你可以大声叫我，我就会听到。"我说："妈妈有时候是大声在叫你啊，但是你没有反应。"于是，她把音量放大，可是声音很平静地给我示范道："你要这样大声：'圆——子——'"我好奇地问："哦？那妈妈平时是怎么样大声的呢？"她立刻模仿我的口气说："'圆子！！！'你要是这样叫我，我就听不到了。"

圆子这面明镜，让我瞬间明白：放大音量的同时，依然能够保持平静、温暖、坚定的语气与孩子对话，我们的声音就会传进孩子的心里；相反，假如只是大声发泄不满、进行情绪操控，孩子听到的就只能是我们在生气，而非我们想要表达的真实意图了。

 作业

请思考：

1. 我们平时有没有对孩子进行情绪操控？

2. 回忆一件自己以平静温和而坚定的方式来回应和抱持孩子的事，在这个事件当中，你在孩子身上发现了什么呢?

心灵茶歇：妈妈们的作业分享

第一份

1. 以前有过很多次对孩子的情绪操控，现在想来很惭愧。从我的情绪角度来说，我像个魔鬼是有理由的，情绪累积到爆发；从孩子角度来说，他的需求很正常，他的行为也没多么大的错，却因为妈妈心情不好而被恶劣对待。有一次，夏天中午给他放洗澡水，他说"不要热水不要热水，只要凉水"，我坚持说放热水才不感冒，他的话阻止不了我，3岁多的他气得在澡盆里哇哇大哭，使劲儿把水扑腾到地上来发泄。我也有点生气，扔下他不管，去晾衣服，收拾他的玩具。过了一会儿他说洗完了，让我抱他出来，我刚给他擦干，他就到阳台地上趴着，玩湿衣服滴下来的水，弄脏了自己。我一再说"不可以趴地上，不可以踩水"，他全都没听，然后滑倒了，大哭，我更生气了。横抱着他准备再给他洗澡，穿过卧室时又踩到他扔得满地的画本，又差点摔着我。这下我真的爆发了，把他放下来，捡起画册又扔开，又捡起一本扯了一下，封皮掉了。我嚷着："到处都是你的破烂，看完不收起来，满屋子都是你的东西，一天伺候你都伺候不过来……"我还要打他，他有点害怕，却没哭——以前他的书或玩具谁给弄坏了他可是没完没了的——他像个大人似的恳求说："妈妈你别发脾气了，别扔我书了，好吗？"他的理性克制治住了我的失控，我有点惭愧。他又洗澡顺便玩水，我不坚持给加热水了，问他："刚才妈妈生气扔你书，你难过了吗？"他说："难过，有一点儿想哭。"我问："想哭是吗？"他抬头："有一点点，就一点点。"不知算不算安慰我。

另一次是刚好搬到新家，东西还没安置好，他爸爸急着赶回老家参加葬礼，我一个人又要工作，又要打扫卫生、安置物品、办理网线等各种杂事，还要照顾孩子。外面连续下雨，已经11月了，正是忽然变冷又没供暖的时候，连洗抹布擦家具都冻手。那几天我很狼狈，给他爸打电话本想诉说一下，结果他爸接起电话不耐烦地问："有事吗？有事快说，没事儿挂了，我这正忙呢！"我就生起闷气来，晚上收拾东西的时候，一边喊他穿上拖鞋："别光脚，地凉，脚脏上床白收拾了！"一边让他多喝水吃药。他在咳嗽，一直在玩玩具，并且搞得玩具到处都是。想着明天还要早起去上亲子课，我好累，好有压力，没多久我就爆发了，冲他吼道："你看你弄得满屋子玩具，还有下脚的地方吗？"他看看我的脸色，嗫嚅："我自己收拾。"他乖乖地把玩具收拾起来。我接着吼："为啥不穿鞋？"他回："不觉得地凉。"我吼："不凉也不行！脚脏了怎么上床？"他回："洗脚呗。"说完自己坐到卫生间门口的小凳子上等着。我接着吼："干等着，还是要我来伺候！"我给他接了水放下让他自己洗，擦地时看到水杯又吼道："天天给你倒水你也不喝，要它干啥！""嘭"地扔到地上。他带着哭腔大声说："妈妈，你这样是不对的！"我气乐了："我怎么不对了？"他说："你扔我杯子是不对的！"孩子的抗议让我觉得自己的确过分了，我也意识到他有自己的想法和承受力了，他已经会用反抗来告诉我"妈妈你这样不对"了。

我挺惭愧的，现在我写下这些，才意识到3岁多的他已经长大了，而我却忽略了他的能力，只当他啥都不会、需要照顾，生活上代劳得太多，管教得太多，弄得自己很累，情绪不好，该给予孩子的尊重、平等的关怀却没有。其他类似的经历还有好几次，他或者克制着告诉我，或者哭着抗议："妈妈你这样是不对的，你这样不是好妈妈！你可以先和我说吗？你直接打我我也不懂啊……"唉！惭愧之余也很欣慰，小崽子他咋懂这么多呀，我不加强学习就反过来被他教育了。

2. 大约一个月前他走丢过一次，因为他骑滑板车太快，我们没跟上。正是路两边摆摊卖菜的时间，他返回来找我们时大概是人车都多，错过了。他爸紧追回到小区也没找着，以为他在路上遇到别的孩子骑车，就比赛跑远了。然后他爸在小区里里外外找了一圈，仍没找到；我买完菜才知道，也一起找，还是找不到；遇到他们班小朋友的妈妈，她也赶紧帮着找。半个多小时过去了，我们都着急了，主要是怕他被车碰着或者被人带到车上拉走。这时候他爸又一次去之前玩的地方找，远远地就看到他被几个老人围着，正在大哭。原来是几个好心的老人之前看到我们曾去过，现在就一个孩子过来，便把他拦住了，一问"爸妈叫啥、家在哪里"，他害怕了，全都答不上来只会哭了。我见到他的时候，他一路上抽抽搭搭，因为有小朋友的妈妈在场，我并没有蹲下来安抚他，而是和爸爸一起教育他："以后不可以跑那么快、离爸妈那么远，这次知道教训了吧？"到了家楼下，他不上楼，哭着说："我烦着呢，我想一个人待一会儿。"然后就跑到小区围墙下，爸爸要跟上去，他又哭："别过来，我想一个人待着。"我走过去蹲下来抱他，他哭得更厉害了。我抱着他坐在路边，他一边哭着抱着我，一边重复："我烦着呢，我想一个人待着。"我轻声安抚他："辰辰害怕了，辰辰想一个人待着。"轻拍着他的后背，"辰辰做得对，找不到爸妈时，回到刚才待过的地方找，你没错。"渐渐地，他平静下来，爸爸过来要拿着他的滑板车上楼，他又激动起来："别过来！别动！我想一个人待着！"也许是对爸爸刚见面时的说教还有怨气吧。坐了好久，他爸无奈地上楼了，后来我领着他上楼，到家他就睡了。我和他爸都很有感触，是我们误解了孩子，以为他贪玩，遇到小伙伴就跟人家比赛跑远了，不知道危险，但其实他在小区里有爸妈陪着时才会那样，事实上4岁的他啥都知道，发现爸妈没跟上来的时候他就返回找我们了，没想到车多人挤跟爸妈错过了，孩子意识到害怕于是直接去了之前玩过的地方。太多时候是我们大人认为他不懂事，可孩子自己是当事人，他的害怕、回找、被老人拦住时的慌张、跟着爸爸回来时想要安慰却被说教的反感、到楼下的发泄，完全跟大人是一样的。我觉得我们都不能再拿他当幼稚的孩子了，他根本就是一个独立的个体，在我的安抚陪伴下，他平静了，但愿没有留下太多阴影。

　　以前我要是在家里，在电脑前工作，他总

会黏我，坐到我腿上，还说"哎呀挤到我了，妈妈你起来，我坐不下了"。我就会气得吼他爸："你就不能把他弄走？我还怎么干活呀！"这时他会越发用力抓着电脑桌不走，而我会更大声吼他爸爸。相比来说，此时爸爸招呼孩子"过来玩，别打扰妈妈工作"的话就显得弱很多，很没吸引力，而爸爸气急了会嚷孩子："你就故意的！就愿意看爸妈吵架！"爸爸越让他离开，他越是不离开，直到气得爸爸要打他或者摔门而去。这种情况发生太多次了。现在想来，是我从怀孕生孩子后心里一直对他爸有怨气，觉得生和养两件那么难的事都是我一个人在承受承担，他爸爸只要上班就好了，家务不管、孩子不管，我的辛苦他都不理解——至少他的表现没让我看出来他理解我的辛苦。所以我一见到他休息就心里气得慌，只要是他休息我就会不满，而我永远没有休息时间，我要陪孩子、做家务，他放假了不分担家务还娱乐，那就更是非吵架不可了。我认为孩子是两个人的，我永无休止地陪伴付出，他却可以有假期，这不公平；我被困在家里忧心着未来，他工作可以有更大的视野、更好的发展，还可以娱乐，更不公平。矛盾最严重的时候，我是坚定了非离婚不可的信念：家庭任务他没有和我分担，我的职场路被迫断掉，要如此辛苦地挤时间来学习、接单、提升自己，还得不到他的支持，这个男人对我来说真没什么价值了——除了家里经济靠他这一点。可能孩子是感觉得到这些的，所以孩子和我亲，爸妈吵架他会打爸爸。当他坐我怀里挤在电脑前的时候，也许本来只是想跟妈妈黏一会儿，可妈妈对爸爸发起了脾气，他就意识到"爸爸不好，妈妈不喜欢他，那我也不喜欢他，我也不去"，家庭的三角关系是失衡的。后来我开始试着接受自己的那些委屈，关注点是让自己快乐起来，放下怨恨。逐渐地，他爸爸也会参与一些家务或者陪伴孩子，只是在我看来仍然做得太少。因为我关注自己，懂得了"不开心的时候停止付出，先满足自己"，所以当他爸爸下班回来很累、情绪烦躁时，让孩子擦地以平复自己情绪时，我不再嫌弃他对孩子不好，而是把孩子叫到厨房和我一起玩，给他爸爸调节情绪的时间和空间。然后饭好了，一家三口吃饭，其乐融融。周六早晨他爸要睡懒觉，我也不再有情绪，自己带孩子玩、做家务；下午他爸爸会陪我们一起玩，或者我干自己的事情，爷俩下楼玩耍。后来我们还是会因为他爸少做家务、少陪孩子而吵架，吵了这些年真是烦透了，于是干脆列出家务清单，各自分配一部分。这一次，我干脆出去旅游9天，由姥爷接辰辰和做饭，他爸爸打电话说，你不在家我们可好了，哪儿哪儿都顺，家务也都做了，孩子也按时起床上学了，也没人嚷我们了……现在我知道了，要改善孩子的行为，还得我先改变对他爸的态度，信任他爸做家务和陪伴孩子的能力，也体谅他爸的辛苦，多些关注和理解，打破"母子抱团孤立他爸"的局面，建立稳定的三角形关系。

第二份

这一次要分享的，是我和圆子的"作业"。透过我和圆子的互动，你可以试着用我们之前所谈到的心理学知识和视角，来看一看母女之间究竟发生了什么。

有一次晚餐后，圆子在弹钢琴，我拿出电脑准备进行案头工作，因为想着事情，所以心不在焉地把电脑放在了一个本子上面，那是她在我出差期间为我特别制作的。

碰巧这时圆子弹累了，她从琴凳上下来看到了妈妈的动作，于是很难过，她说："妈妈你压到我的本子了。"我把电脑拿开，不经意地说了一句："不就是个本子吗？又压不坏的，拿出来就好了。"

（这就是作业当中的两个"主角"。电脑代表着妈妈占用家庭时间进行工作，而本子，从大人的角度来看，实在算不上稀奇。可是仔细看，会发现一个6岁的孩子用了自己最喜欢的宝石贴纸为妈妈精心构图，希望妈妈和自己一样喜欢这份礼物。）

　　圆子生气了，一转身走进房间，"砰"的一声关上了门，接着我就听到上锁的声音。这时外婆走过来了，她一边喊着圆子一边举手要敲门，我赶紧制止了她，因为我相信圆子有自己的解决之道，我们只需要给她时间。

　　过了不到5分钟，就听见窸窸窣窣的声音，我低头一看，门缝里递出来一把自制的"宝剑"，宝剑上写着："你是一个风（疯）子。"

我忍不住莞尔，颇感欣慰，因为小家伙真的有自己的创意解决之道。于是，我在上面加了一句话递进门缝："你是一个天使"。可不是吗？即使在生气的时候，她还是在想着怎么积极解决问题，在我心里她真的是一个天使。

门缝里很快出来了一张信签纸，上面写着："妈妈你压了我的本子，我不开心"。我马上回复："宝宝对不起，妈妈错了。"

接着，门缝里又出来一个小纸条，上面写着"好的"——小家伙这么快就原谅了妈妈！我感动地继续说："请原谅，我爱你，宝贝！"

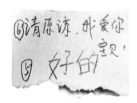

圆子很快画了嘴唇和爱心递出来，我也回复同样的图案，并且用大爱心把两人的图案"抱持"了起来。

圆子接着写："祝你开心！"我回复了她一个长翅膀的爱心——她最喜欢的图案。

圆子也继续用图案表达"爱妈妈",我知道小家伙已经做好开门准备了,于是说:"开门吧,妈妈抱"。

 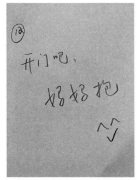

门果然立刻打开了,圆子宝贝扑进我的怀里,一边咯咯笑着,一边大声地说:"沟通很重要!"

现在,让我们用这一章节分享的内容,来看一看在我和圆子之间所发生的事情。(当然,如果你先发现的是这对母女可真"肉麻"呀,我也绝对同意,因为我们就是打算把"肉麻"进行到底!笑一个~~)

首先,就事件本身来说,给孩子留下的可能是一个简单的陈述性记忆,内容只有一句话:"妈妈压了我为她精心制作的本子,而且还觉得无所谓。"然后,她既失望又生气,而我则以抱持的方式,允许她的失望和生气存在一会儿,并且愿意全然倾听她的表达。于是,负性情绪体验奇迹般消失了，比我想象的还要快！更出乎意料的是，圆子居然还就此有了新的陈述："沟通很重要……"

在这场本子风波里，圆子本来会因为回应方式的不同而产生截然不同的情绪性记忆。比如，假如当时我没有制止外婆去敲门，甚至跟外婆一起严厉地要求她把门打开，圆子就可能会感觉到不被妈妈尊重，甚至连想要单独待一会儿都不被允许。接着，她也许会感觉不被理解之后的孤独和无助，继而生出敌意。如果这样的敌意一直存在，慢慢地母女关系就会疏离。幸运的是，我们一起创造了一份美妙的记忆。

读到这里，你是否对"父母的抱持力"有了一定的了解呢？抱持，是英国心理学家温尼科特提出的，指母亲能满足婴儿早期的各种生理需要。婴儿离开子宫安全而紧密的保护后，落到了广阔的空间中。在这个空间里，摔落在地是一种令人恐惧的危险，所以从生命的第一刻到最后一刻，我们都需要被抱持，否则就会"摔"下来。

在人们彼此需要的所有方式中，抱持是最基本的，也是最不明显、最难描述的。在家庭关系中，父亲和母亲的抱持力同样重要，而不同阶段的孩子所需的抱持重点又各不相同。

婴儿期的抱持是：吃喝拉撒都有人及时照顾，身边随时有人陪我玩，听我"嗯嗯啊啊"的婴语并给我同样的回应，还会逗我开心。

幼儿期的抱持是：让我自由触摸和探索，大人跟着我、保护我就好，千万不要打扰我、阻挠我。

儿童期的抱持是：允许我自己去做一些事情，允许我做错事、说错话、慢腾腾地走走弯路，允许我有时"自私"有时又"慷慨"过度，因为我在探索我自己与人交往的边界。

少年期的抱持是：允许我与自己觉得好、大人却看不上的朋友交往，允许我天马行空，给予我足够的肯定和支持，让我觉得大人也会尊重我。

青年期的抱持是：允许我有自己的理想和计划，给我适当的建议但是不要限制我。如果我受挫，给我理解和支持而不是讽刺挖苦我。如果我不想说，请不要过多地追问我，给我独立的空间，同时又让我感受到彼此情感的关联。

借着我和圆子的"作业"，我们可以开始关于"家庭系统"的讨论。

平衡稳定的家庭系统是孩子安全感的摇篮

家庭系统，是经验式家庭治疗理论中的一个重要概念，是指：家庭是一个稳定的系统，家庭成员交互作用时所产生的有形和无形的规则构成了比较稳定的家庭结构，以及成员间形成的特定交往模式。

从家庭系统的角度来看，任何一个个体的某个问题或者是特别的行为表现，其实不单是这个个体的问题，而是整个家庭环境和成员之间相互作用的结果。如果家庭当中某一个成员出现症状，那么这个症状对于系统而言可能是有特殊意义的。

同样的事件，在不同的家庭中引起的反应各不相同。家庭是一个系统，任何事件的产生都可能引起整个系统的联动乃至变化。

以上一节我的作业为例，如果家庭系统过于紧绷，缺乏弹性，父母缺乏系统看问题的能力，圆子的行为就可能会被单纯理解为"小题大做"——不就是一个本子吗？或者她想偷懒不想弹琴，再或者她明明知道妈妈忙却还故意为难妈妈……

假如我们把孩子的举动视为问题，作为家长，本能的反应就是批评教育并且想改变它，用到的方法往往就是打断、干涉，甚至指责。与此同时，负面情绪的表达和呈现在传统中国家庭中也常常被认为是不好的，所以外婆会急于去中断和解决它，而这样的举动往往无效，而且会令孩子的内心更加封闭。

在这样的互动当中，家长和孩子站在对立面，是解决和被解决的关系。

相反，如果我们懂得以家庭系统的观念和视角来看所发生的事件，就会了解到：孩子的每一个举动、表现，都是家庭系统整体状况的反映，这时我们看到的就不再是"孩子的问题"，而是系统之前的某些平衡被打破了，需要重建。

这样来看"本子风波"，就会发现：事件的起因是妈妈有工作压力，在和孩子相处时分心了，且表达方式很生硬，所以才有了圆子的过度反应。意识到这一点，所以妈妈愿意倾听，于是孩子就有了表达的机会。圆子能够用完整的方式把情绪表达出来，也正是因为从小到大我们做过很多情绪表达的游戏，这些游戏给她留下了愉快的印象，所以她选择了一个知道会有更好结果的方法。

在我给圆子的回应中，特地和圆子画一模一样的图案，那是对孩子深切的回应和陪伴，就像我们常说的"共情"，这让孩子直观地感觉到了爱，于是很快就柔软放松下来。（这个小小的"类催眠技巧"，在与孩子面对面沟通时更好用，在后面的"冲突处理"章节中，我们再来细细探讨。）

有一个短剧可以帮助我们了解，如何从家庭系统的角度，重新认识我们的家人以及清官难断的"家务事"。

这是一个五口之家：爷爷奶奶、爸爸妈妈、孩子。心理学家把他们用绳子拴在一起，紧接着一个一个电话打了进来。

首先是爸爸的电话，要他去谈生意，接着妈妈也接到了电话，说她的花店现在有重要的客人特别想要见她。

然后奶奶被邀请去她的好朋友家做客，孩子有小伙伴在门外叫他去踢球……

这个时候，任何一个人要想动，都会引发全家的互动。那么到底给谁放行，又阻止谁的行动呢？

牵一发而动全身——在这个短剧当中，任何一个个体在当下的需要，对他们自己来讲都是合理的，可是全家对于这需要的反应，决定了这个家庭的互动模式以及他们未来相处的品质。

咨询中，我经常会遇到因为孩子的问题吵得不可开交的父母。有一对年轻夫妻，因为孩子经常哭闹而担心和烦恼，相互埋怨，觉得只有孩子不哭了家庭才能太平。我没有与他们探讨孩子哭闹的原因或对策，而是询问他们各自对孩子的哭闹是如何回应的。

爸爸说："我太烦了，我最怕听到孩子哭，这个时候心里就会埋怨，'他妈妈怎么做的？天天在家带孩子还带不好？'然后我又很害怕这种感觉，所以就赶快逃离了。"

接着，我又问妈妈的反应。妈妈说："我也觉得很挫败，也很担心。首先我不知道他为什么哭闹，同时觉得真的是自己没做好。本来已经很自责了，老公又来指责我，所以会很生气！我能做的事情就是治治孩子或者去哄他，不管他要什么，只要能让他安静下来，我就投降，赶快给他……"

还有一对母女，因为青春期女儿的强迫症前来咨询。母亲说："本来夫妻关系紧张就已经够烦了，现在女儿又生病，真是觉得雪上添霜。"女儿说："他们天天吵天天吵，我又怕又恨，有时希望他们快点离婚，有时又想他们离婚了我也不活了，觉得整个世界又乱又脏，所以就不停地擦擦擦……"

　　如果你有了家庭系统的视角，就能够理解，孩子内心的强烈冲突变成了对环境卫生的过度关注，而无处安放的恐惧和怨恨则演变成了强迫行为。妈妈对女儿强迫症状的反应是："家里都已经这么糟糕了，你还要来给我添乱！我也想帮你，但是我自己还不知道从哪里能得到帮助呢。"

　　如果父母没有意识到自己处于跟孩子紧密关联的家庭系统中，就常常会发现孩子总是出现这样那样的问题，比如说不好好吃饭。孩子不好好吃饭，排除生理原因，很可能是因为家里有一个缺席的爸爸，或者控制型的妈妈、外婆或奶奶——她们总是害怕孩子吃不饱，所以总要打断孩子进餐的节奏，即使孩子说饱了，她们也要继续往孩子嘴里塞……

　　要改善孩子的行为问题，我们就要从整个系统入手，先改善自己的行为。

　　微课里，我请大家看了一段《你与谁共进晚餐》的视频。大人们谈到的都是大人物或偶像，而孩子们无一例外，全都说"家人"。很多爸爸妈妈看完视频以后哭了，才明白原来孩子平时一直说想吃自己做的红烧排骨，其实是想表达"爸爸妈妈，我真的想有更多时间跟你们在一起"。

爸爸妈妈的心思，常常被各种经验、压力、焦虑、对未来的担忧等占满，总在向外去寻找价值感，没有办法活在当下，所以他们常常从家庭系统中"脱轨"；而对孩子来讲，比外部世界更重要、更有吸引力的是家，是来自家庭系统的支持、抱持和联结。

家庭系统关系理论来自西方的现代心理学家，但其实在中国，东汉时期张仲景的《伤寒论》，就在用辩证和系统的观点来看待人类的生老病死、万物的春生秋实，看待个体某一部分的变化和其他部分的关联了。

接下来我要分享的案例，会帮助你更好地了解，家庭这样一个有机的系统是如何运转的。

在以前的微课里，我曾经分享过"生二胎要做哪些准备"，谈到了一个家庭系统里出现的新变化，对每一个成员，尤其是对大宝宝的影响：原来的平衡和习惯被打破，新的平衡尚未建立，大宝宝通常需要更多的安抚和帮助，需要知道如何适应变化。当时，朋友圈里正在疯转一个妈妈拍的短视频——6岁左右的男孩，不想让妈妈生二胎，说："你要是敢生，我就敢死！"网友们纷纷留言，说："现在的孩子太自私了，赶到庙里去！""这样的小孩养不得，让他到福利院里去试试！"……所有的言论几乎都一边倒地指责孩子，却很少有人静下来倾听孩子过激表达后面的不安、恐惧等情绪，更少有人意识到妈妈的回应有何不妥。妈妈说："你敢吗？你真的敢吗？"这样的挑衅和轻蔑，不但无法培养出一个"不自私"的孩子，而且很有可能制造出又一个心理疾病患者。

前面我们也说到，孩子的问题，大都是家庭系统问题的反映。无论是症状还是行为问题，常常都有着特殊的"功能"，它可能是孩子用来解决家庭系统问题的一个办法，虽然这个办法让人很抓狂。比如，有的孩子会突然生病或者厌学，父母的注意力一同转移到了孩子身上，原本岌岌可危的夫妻关系突然又变得稳固起来，夫妻俩再也不提离婚了。

十多年前，我在上海接待过一个家庭，母亲强行把女儿带来咨询。女儿已经出现了明显的症状，每天把自己关在家里，不想见任何人。而他们生活里的一个近期事件是：父亲的企业因为被骗而面临破产，女儿原本去读国际高中的计划落空了。

妈妈觉得女儿不懂事，读不成国际高中也应该去普通中学继续完成学业，取得更好的成绩来安慰父母。她不知道的是，面对巨大的家庭变故，孩子需要的是安全感的重建和一份新的人生规划指导。

面对巨大的家庭变故，父母常常疲于应付外界的压力，而忽略了孩子内心安全感的缺失。

我在"林紫心理堂"公众号里写过一篇文章，那是在征得来访者妈妈同意的情况下，分享的一个让人非常心疼的小女孩的故事。

4岁的小女孩目睹了得抑郁症的爸爸跳楼自杀的全过程，幼小心灵遭受了极大的创伤。

事件发生以后，孩子不停地在手背上画画，涂满颜料的手显得很脏。爱干净的妈妈和外婆总是把她手背上的画洗掉，可每次洗完之后孩子都会大哭，也不愿意妈妈和外婆靠近。咨询时，我和她一起在手上画画，然后把我的手也伸给她，说你也可以在阿姨的手上画。孩子一边画，一边开始跟我讲她心里的想法。

孩子说，这个画是画给爸爸看的，但是外婆和妈妈不允许，所以我不敢让他们知道这是画给爸爸的……

为了更好地帮助孩子，我买了一个很大的抱抱熊跟她一起玩游戏。在最初的三次游戏里，到最后抱抱熊都死了，直到第四次咨询。

前三次咨询里，我观察到：爸爸的离开，导致原来没有被关注到的很多家庭问题呈现出来，并且被放大了。比如说外婆过于严厉、妈妈过于理性，她们在跟孩子的相处当中缺少情感的表达和互动。爸爸虽然离开了，却依然是这个家庭系统中重要的一员，深深地影响着每个人。于是，我和我的助手用心理剧的方式，帮助孩子跟外婆和妈妈重新建立联结。当外婆、妈妈跟孩子拥抱在一起，表达了对爸爸的思念，允许孩子完成仪式化的行为之后，孩子告诉我，这一次小熊没死，因为她在咨询室里找到了两个樱桃，她说这个樱桃可以给小熊能量……

当孩子的思念、恐惧和对于爸爸行为的不解被完全接纳之后，孩子的内心重新找回了能量，而这个能量来自整个系统的支持。

所以，从更大的层面来讲，家庭系统不仅仅包括现在生活在这个家庭里的人，也包括那些离开的、无论是活着还是逝去的亲人。有一部美国老电影，讲的是一个4岁的小女孩，在妈妈去世以后，她把爸爸所有的香烟和打火机全部都扔掉了，爸爸买一次她扔一次，爸爸很生气，于是她大哭起来。最后，爸爸决定听一听孩子为什么总是要这样做，孩子抱着爸爸的脖子说："因为妈妈已经死了，我不想爸爸也离开。"小女孩的心里，朦胧地意识到，爸爸如果抽太多的烟，也会像妈妈一样死掉，可是她没有办法把这个担忧表达出来，于是做了在爸爸看来不可理解的事情。

家庭当中发生的所有事件，对每一个成员来讲，都有着不同程度的重要影响。比如，有相当多的抑郁症来访者，其归属感或者家庭系统的运转都是有很大问题的。18年前，一位来访者给我留下了深刻的印象——首次咨询，当助理把他填写的咨询登记表放到我面前时，我看见登记表里有关家庭成员的信息部分，有一道自下而上的表示"删除"的深深的划痕。要知道，多数来访者填写这部分信息时，要么会写一两位、要么会空着什么都不填，这一道特别的划痕，让我大致想到了来访者正面临怎样的挑战。果然，咨询中他告诉我，在他的生命当中，所有的亲人都不断地离开了，在这个世界上，他已经变成孤身一人。

深深的一道划痕，正是他无助的呐喊和表达。

1994年，新疆克拉玛依曾经发生过一场大火，325位师生在大火中遇难，其中288位是小学生。我在为这些遇难孩子的父母提供心理援助的过程中发现，这些父母当时得到一项特殊政策：可以生二胎。然而，他们跟第二个孩子的相处却出现了极大的困难。一方面，小孩子会让他们想起大孩子，让他们觉得如果对现在的孩子太好就会对不起原来的大孩子；另一方面，他们又觉得太亏欠现在的孩子，因为自己的大部分心思还在原来的孩子身上；同时，他们也会担心未来，担心小孩子还没长大自己已经老了，无法给孩子更好的陪伴……

虽然哥哥、姐姐看上去已经不在家庭中了，可是，他们对家庭系统所产生的影响力，依然非常深刻地影响着小的孩子。

我们再来举些成人的例子。有一位企业家来访者，家里的兄弟姐妹很多，他排行老二。他从小就很勤奋，因为老大不聪明、老三老四的脾气怪，妈妈经常对他讲："你是家里最懂事的，全部的希望都在你身上，你要学会担当，将来你好了，一定要照顾好你的兄弟姐妹。"

他真的很努力、很有担当，也很有自我牺牲精神，事业很成功。可是，他却无法与任何女性建立亲密关系。他有过一段婚姻，因为相处不愉快而结束了。后来，去电视台接受采访时，他跟主持人相爱了。热恋之后他发现，虽然自己内心很珍惜这个女孩，却仍然无法跟她亲密相处。

　　咨询之后，他才了解是原生家庭的烙印太重，阻碍了他做自己。他的心里一直有个信念："我不是我自己的，我必须要为别人担当更多，我要牺牲，我要隐忍。"所有这些自我描述，都会让自己更加不快乐，会觉得无论跟谁在一起，"付出的人总是我"，于是，多一份亲密关系就多了一份累赘和负担。

　　也有另外的情况。一位企业的中层领导，在家里排行老幺。和其他传统家庭一样，他家的孩子比较多。生他的时候，父母年纪比较大了，没有那么多的热情和精力来照顾他。哥哥姐姐和他的年龄相差比较远，他变成了家里一个边缘化的人，很少有人真的关注他。在这种情况下，他发展出过度的自我关注，出现自恋型人格障碍。而自恋的背后，其实是深深的自卑和无价值感。

　　列举这些非常态的案例，是为了帮助大家回过头来理解常态的生活。比如，一个喜欢耍赖的孩子，可能背后有一个同样喜欢"耍赖"的妈妈，而妈妈背后又有一个喜欢"耍赖"的外婆。外婆之所以会用耍赖和歇斯底里的方式表达情绪，是为了控制外公。外公年轻的时候有过第三者，外婆不愿意失去婚姻，因此就抓住外公的弱点，每当有外人在的时候就耍赖发脾气。外公怕出丑，所以在自己的行为上有了约束。一代一代发展下来，这个经验就通过家庭系统复制到了孩子身上。

2008年，汶川特大地震后，我在做心理援助的时候遇到一对夫妻，他们有两个女儿。地震当天，他们带着11个月大的小女儿在外地打工躲过一劫，可是3岁多的大女儿却因为跟外婆留在家乡而不幸遇难。大女儿遇难之后，小女儿开始出现各种各样的反应。原来一直健康、活泼的小女儿，现在突然变得非常爱哭闹，而且动不动就生气，睡觉也不好好睡，还总生病。年轻的父母无法理解，觉得事情发生的时候，小女儿又不在现场，离得那么远，为什么也会有这些反应呢？

我问爸爸妈妈，失去大女儿后，他们内心的感受和当下的状态是怎样的。妈妈难过地告诉我，爸爸非常爱大女儿，所以大女儿去世以后，他对小女儿再也无法像从前一样亲密了，心里特别自责，觉得自己当时没有在现场保护大女儿，对不起她。而这，是幸存者综合征的特有反应之一。

11个月大的小女儿很敏锐地捕捉到了家庭系统当中的变化，捕捉到了爸爸内心爱的改变。于是她开始用自己的方式来抗议，并且以此让爸爸妈妈保持跟自己更紧密的联结。爸爸也坦率地说，如果不是因为担心小女儿，看到她这个阶段老生病，他早就跟孩子的妈妈分开了，因为他恨妻子当时没有把大女儿带在自己身边。

所以，假如你觉得孩子突然"无理取闹"，要明白那只是因为我们没有看到"理"而已，对孩子来说，"理"是真实成立的。

再比如说，一些遭受家庭暴力的母亲，她们的儿子往往一方面会同情母亲、憎恨父亲，可是另一方面又常常对母亲产生愤怒甚至攻击。如果单独割裂来看，会觉得这个儿子太不懂事了：母亲已经很不幸了，你怎么还能这样对待她？可是如果我们明白了整个系统对他造成的影响，就会理解孩子的内心经历着怎样的煎熬和无助。

同样，从系统的角度，我们也不难理解，为什么一些童年时期特别乖巧省心的孩子，到了成年之后会出现很多情绪问题，甚至会走极端。那是因为，乖巧只是他们为了讨好父母而进行的自我压抑，为的是让父母少一些争吵，或者博得父母有条件的爱。

假如我们愿意把孩子的每一个我们不理解的行为，或者被我们贴上"问题"标签的那些表现当作是一个预警的话，我们其实可以更好地改善和建设我们的家庭系统，避免人为的关系"灾难"。

2013年复旦大学投毒案(医学研究生给室友下毒致其死亡)发生之后，上海《新闻晚报》的资深记者王立梅女士对我做了一个整版专访，我谈到大系统对于个体的影响，后来这篇专访的标题就叫作"大系统问题，通常选择年轻人群爆发"。

系统的问题在孩子身上爆发，但并不意味着父母都是"有罪"的。系统的问题是互动的结果，如何改善彼此之间的互动，那才是我们该关注的重点。

回到上一个关键词"情绪性记忆"来看，如果父母有足够的抱持力，面对孩子的所谓无理取闹，就会有更多接纳和改善的空间。

有一年，圆子的外公身体不好，我本来计划带着圆子一同出差，可临出门前，热爱旅行的圆子突然开始少有的哭闹，怎么说都不愿意走。于是，我果断地退了票，而外公当天下午就病重住院了。

选择退票，是因为我相信圆子感受到了妈妈内心的冲突和犹豫。如果真的飞走，我心里其实是放不下外公的，孩子替我做了决定，幸运的是，我听懂了她的决定。

读到这里，也许你已经发现：每一个关键词的探讨，都是对我们原来所谈内容的深入，把这些关键词串联起来理解，我们就可以学会以新的视角和更深入的方法来了解孩子、了解自己、了解我们的家。

作业

1. 列举一个你印象比较深刻的、孩子"无理取闹"的事例，试着从家庭系统的角度来分析，有没有新的解读和领悟。

2. 问问自己："如果我曾经想要改变孩子的话，那么我自己作为家庭系统的一员，又能做些什么改变呢？"

心灵茶歇：妈妈们的作业分享

5岁的孩子最近总喜欢对爸爸说"爸爸，你是个笨蛋"，还对小朋友说"你是个笨蛋／你是个垃圾桶"，我反思了家庭系统，最近几个月我经常对丈夫的行为方式提出意见，我希望他能更多地陪伴孩子，能更多地和我一起做更称职的父母，我想更多地影响到我丈夫，面对我丈夫想待在他的舒适区里的惰性和不配合，我有时候情绪就很冲动，会当着孩子的面指责丈夫，说过他就是个垃圾之类的话，语气上也充满指责和傲慢。虽然我的出发点可能是好的，是希望丈夫能尽快成长，孩子一天天长大，容不得他（我丈夫）慢悠悠地待在自己的舒适区里不肯"长大"。现在想来，我的傲慢和"口不择言"，影响了孩子与人交往的方式。

作为系统的一员，我能做的改变包括：放下成见，客观审视我丈夫，放下对他的控制，放下对他成为优秀爸爸的执念，用平和和接纳的方式来影响他，不强求结果，这样可能自己就不会因为情绪过于激动而"口不择言"，态度上也不会过于傲慢。

一致性的沟通和健康的冲突，是为孩子成长助力

冲突是人生的一部分，虽然它会让许多人感觉不舒服，但"你爱或不爱，它就在那里"。消灭它已然是不可能，所以，如何应对就成了人生必修课。

先请大家猜猜看，前来咨询的爸爸妈妈，他们来询问年幼的孩子被抢玩具的概率和孩子总是抢别人玩具的概率，哪一个更大呢？

或许你已经猜到了，爸爸妈妈对于孩子总是被别人抢玩具的状况会更担忧。这份担忧里，投射出爸爸妈妈对自己的个性及日常人际交往状况的不满。

不仅是"压力山大时代"的父母，古代的父母也一样会担忧儿女未来的人际关系。有智慧的父母会将担忧转化成有效可行的"行动纲领"，帮助儿女更好地规避或应对冲突。

《世说新语·贤媛》里，有一个非常好玩的故事：赵母嫁女，女临去，敕之曰："慎勿为好！"女曰："不为好，可为恶邪？"母曰："好尚不可为，其况恶乎？"

意思是：赵母对即将出嫁的女儿说："你嫁到夫家去之后，千万不要表现好。"女儿很纳闷，不解地问："娘，你叫我不要做个好媳妇，难道要我做恶人吗？"结果，妈妈的回答是："连好媳妇都不能做，坏媳妇就更不能做了。"乍一看，这句话很费思量，其实妈妈是想告诉女儿：既不要做人人夸的好媳妇，也不要做人人骂的坏媳妇，平常就好。

这位母亲，是三国东吴时期一位真实的才女，很有见解和谋略，当年孙权想远征东北的公孙渊，她上书劝谏，对当时的政治军事都起到了一定的作用。她深谙人情世故，知道做媳妇很不容易，在关系错综复杂的大家族里，做一个好吃懒做、不孝顺公婆、不相夫教子的坏媳妇，那肯定是不行的。但是如果高调地做一个好媳妇，处处都显得比其他媳妇更优秀，又一定会给别人带来压力而遭遇嫉恨中伤，所以也不可行。"人恶胜己。"平常人都不喜欢胜过自己的人，过于高调，反而会招致不满、激化矛盾，那么，这样的"好"也很难维持下去。

所以，母亲提醒女儿：做一个媳妇要春风化雨，不张扬，不高调，实实在在，该有个性的时候适当显露个性，这样才可能维系家庭关系的和睦，同时也能保证自己不受欺负。

你看，关于家庭系统中的冲突应对，原来咱们中国老祖宗们早就已经深谙其道。

西方心理学家也很重视冲突的处理。从专业的角度来讲，冲突应对模式的分类有很多不同的标准。针对企业讲这个课程的时候，我会用到积极策略、消极策略等方法，而在"父母学点心理学"的微课里，我则会用家庭治疗大师萨提亚女士的观点，来帮助大家了解不同沟通模式所导致的冲突应对模式的差异。

讨论冲突应对，想要帮宝宝建立更好的人际关系模式的话，我们也一样先要检查自己的冲突应对模式。

有一段两个外国孩子吵架的短视频，视频里的小女生口齿伶俐，反应敏捷，争辩不过时，就开始了"人身攻击"，"我4岁了！你没有4岁！"然后又扔出"撒手锏"，"我就告诉你妈妈！"小男孩在她的咄咄逼人之下张口结舌、无言以对，最后差点冲上去大打出手。

两个4岁左右的孩子，用生动有趣的方式给我们展示了男女在冲突中的不同反应和性别差异。心理学家研究发现，女孩通常更擅长表达，男孩则更擅长行动；女孩更愿意向外求助，男孩则倾向于自己解决。

这是生理角度与生俱来的人类共同差异，所以，男宝家庭和女宝家庭，日常所面对的冲突类型、冲突的表现方式和最后的解决方案也有所不同。不过，即使是同样的性别情况也会有很大的差异，这样的差异来自气质类型、个性特征。

比如大多数担心孩子总是被抢玩具的父母，心里会有一个潜台词，就是："如果他一直都这么懦弱，是不是一辈子都要被人欺负呢？"而事实上，假如我们不给孩子贴标签，换个角度来看，孩子的气质类型其实是源于我们的遗传。假如我们对自己不满，觉得自己不属于非常激进的类型，过于平和，并且在日常的交往中没有更好的技巧和方法来保护自己的利益，我们对孩子的担忧就会被放大。

被抢玩具和抢玩具本身，都是孩子在慢慢学习社会交往的一个必经的过程，在这个过程中，并不意味着被抢的孩子就是懦弱的或者是平和类型的。可是爸爸妈妈如果期望他变成激进型——有更多的行动和攻击性，是不是不仅是在为难孩子，也是在为难自己呢？

所以，如果想要通过自己的学习，帮助孩子掌握更好的处理冲突的技巧，我们先要做一件事，就是接纳和允许。我们与孩子以及其他的家长与孩子，在个性特征、人生方向、价值评判等方面都可能各不相同，所以会采取不同的策略。

在你的童年时期，你的父母是如何面对家庭中的冲突的？还记得自己面对冲突时的感受和想法吗？

父母之间的冲突，至少有一半是由于男女沟通差异以及彼此原生家庭的系统互动模式和动力类型的不同而导致的。

正常和健康的冲突，其实是家庭关系富有活力的表现。相反，当家庭陷入一潭死水，看上去完全没有冲突的时候，却可能有更大的隐患。家庭关系的品质，取决于家庭成员能否健康积极地应对冲突，而非完全消灭它。

咨询中，我经常会遇到两种类型的个案。有一类人，小的时候目睹了爸爸和妈妈的争吵，觉得妈妈太强势了，而爸爸很窝囊。作为女生，常常就会发誓说："我以后一定要找一个阳刚的，比我爸爸更强的！"结果等她真的结婚了，发现自己变成了"妈妈"，而对方又变成了"窝囊的爸爸"。

也有很多相反的情况：孩子目睹了妈妈一直都忍辱负重，而爸爸似乎是盛气凌人的。孩子心里可能会发誓说："我以后一定要找一个对自己好的！"可是，结婚以后慢慢发现跟第一类情况一样，自己也变成了"忍辱负重的妈妈"。

在我的《寓言心理DIY》这本书里，我曾经讲过一个小寓言，说的是一只小鸡在破壳而出的时候，正好看到一只蜗牛经过，于是，它一辈子都背负着它的蛋壳活着，因为它以为只能这样活着。

再问问自己，现在又是如何应对自己小家庭中的冲突的呢？身上有没有背着父母的"壳"？

为了更好地"去壳"，我为大家总结了几个类型：

第一类，烈女型。这种类型的人，无论面对怎么样的冲突，无论是对伴侣、公婆，还是孩子，一旦冲突出现，自己的情绪立刻高昂，以战斗的姿态来回应对方，宁愿跟对方"同归于尽"，也不愿意在任何一点上作出让步。

第二类，怨女型。这类人忍辱负重、自我牺牲，总觉得我自己多忍让一些，也许冲突就能解决。可是事实上，外部的冲突转移成自己内心的冲突，所有的不满被压抑后变成抱怨，常常不自觉地到孩子面前诉苦，希望在孩子那里讨回平衡和公道。

第三类，法官型。这一类常常会出现在爸爸身上。无论家里发生什么事情、有怎样的冲突，总会跳出来一个这样的法官，他不代表自己而是代表"真理"，总是会拿出真理一样的标准来，希望能做一个公道的裁决，但是结果常常事与愿违。

第四类，憨豆型。这类人面对冲突的时候，本能的办法就是搞笑，以各种方法来转移冲突中的人的注意力。他们很喜欢说笑话，而且看上去似乎也总是逗得人哈哈大笑，让人以为他们是快乐和开心的。可事实是，这样的人自己并不真的快乐，内心冲突剧烈，有的人甚至出现了抑郁。同时，家庭关系的冲突也并不会因为一时的逗乐而消失，反而可能会被隐藏掩盖在另外的一个事件下，以更大的强度爆发出来。

第五类，阿凡提型。在《寓言心理DIY》这本书里，我还讲过一个我很喜欢的阿凡提的故事。说的是有一次，阿凡提对朋友吹牛说："我很了不起，我能够让这个世界上一切东西都听我的话，按我的意思去做。"朋友冷笑着，指着远处的一座山说："是吗？你把那座山叫过来呀！"阿凡提坦然地叫了两声，然后大步地向大山走去。他说："山不过来，我就过去。"——这类人，面对冲突的时候不迎不拒、内心平和，同时采取智慧和幽默的方式来转化，并且不会因为这样的转化而让冲突压抑在自己的心里。

这五种类型，恰好对应了萨提亚家庭治疗理论中提到的五种沟通模式类型。

第一种沟通模式类型，叫作"指责型"。指责型的人经常会用攻击和评判的方式来回应对方。尤其是面对冲突的时候，他们会表现得非常愤怒、主观，会采取恐吓、完全否定对方的方式。他们心里的想法是："都是因为你不好，我才会这样，所以都是你的错。"他们内心深处的独白是："只有让别人听我的，我才是有价值的。"

指责型的人经常会体验到愤怒、挫折不满和对周遭的不信任，并且总是很害怕失去控制。与此同时，他们的身体经常会表现出肌肉紧张、背部疼痛、高血压，而且很容易出事故。

假如你发现自己用指责型的沟通方式较多，那么你需要做的是提升同理心，尊重他人，增强自己的心理弹性，并且学会没有攻击性的表达。

试想一下，如果爸爸妈妈是指责型的人，他们会怎么样对待孩子呢？孩子又会体验到什么？

第二种沟通模式类型，叫作"讨好型"。这样的人常会觉得自己是一个受难者，觉得："为什么牺牲的人、受伤的人总是我？"他们的人际交往和冲突处理原则是：只要你们高兴，我怎么样都行。他们内心深处的独白是："我不值得被爱，我永远不能让别人生气，因为所有的事情都是我的错。"

讨好型的人总想避免冲突或快速结束冲突，而他们的内心却经常会感觉到悲伤、焦虑不安和无助。长此以往，那些被压抑的难过、冲突会转化为被动攻击，以生病或让对方内疚、担心、不舒服等方式表现出来。所以，讨好型的沟通和冲突解决模式，最终不但不能真的解决冲突，反而可能会给彼此带来更大的伤害。

如果你发现自己在日常的冲突应对当中经常会用到这种类型的沟通方式，请你读读萨提亚女士的《如果你爱我》。

如果你爱我

作者：维吉尼亚·萨提亚

请你爱我之前先爱你自己

爱我的同时也爱着你自己

你若不爱你自己

你便无法来爱我

这是爱的法则

因为

你不可能给出

你没有的东西

你的爱

只能经由你而流向我

若你是干涸的

我便不能被你滋养

若因滋养我而干涸你

本质上无法成立

因为

剥削你并不能让我得到滋养

把你碗里的饭倒进我的碗里

看着你拿着空碗去乞讨

并不能让我受到滋养

牺牲你自己来满足我的需要

那并不能让我幸福快乐

那就像

你给我戴上王冠

却将它嵌进我的肉里

疼痛我的灵魂

宣称自我牺牲是伟大的

那是一个古老的谎言

你贬低自己

并不能使我高贵

我只能从你那里学到"我不值得"

自我牺牲里没有滋养

有的是期待、压力和负担

若我没有符合你的期望

我从你那里拿来的

便不再是营养

而是毒药

它制造了内疚、怨恨，甚至仇恨

我愿你的爱像阳光

我感受到温暖、自在、丰盛喜悦

我在你的爱里滋养、成长

我从你那里学会无条件的给予

因为你让我知晓我的富足

与那爱的源头连接，永不枯竭

永远照耀

请爱你自己吧
在爱他人之前先爱自己
爱自己不是自私
牺牲自己并不是爱的表达方式
爱的源头就在那里

然而，除非你让自己成为管道
爱不能经由你而流向我
你若连接
爱会滋养你我双方
你若断开连接
爱便不能经由你而流向我
你的爱便不是真爱
而是自我牺牲
然而，那不是我想要的

爱自己，是生命的法则
除非爱自己

你不可能滋养到别人

我愿意看到充满爱和滋养的你

而不是自我牺牲的你

因为，我也爱你

我爱你

必先爱我自己

否则，我无法爱你

而你，亦当如此

生命的本质是生生不息的流动

生命如此

爱如此

请借此机会好好爱自己

如果你喜欢，可以每天将这首诗读一遍，开始学会真正有生命力的爱。

假如爸爸或者妈妈是讨好型的，那么孩子会出现怎样的状况呢？

讨好型的人，身体方面常常会出现消化道、肠胃和皮肤疾病，常常头痛等。有统计显示，医院门诊中75%左右的疾病都是由心理原因引起的，叫作"心身症"——假如我们没有更健康的方式来表达自己，身体就会以疾病的方式来帮我们表达。

第三种沟通模式类型，叫作"超理智型"。超理智型的人通常表现为独裁、刻板、冷漠，总是喜欢给别人提建议，让周遭的人觉得他不近人情、很无聊。他们心里的想法是："一切都该有一个对的标准，真理是解决问题的最好办法。"内心深处，他们的独白是："我不能表现出任何感受，真理比我自己更有价值。"

超理智型的人隔离自己的感受，所以经常体会到孤单、孤立，生理上也经常会出现重症，比如癌症、心脏病、淋巴系统的疾病等。

在家庭当中，超理智型的角色通常会出现在爸爸身上。如果之前使用超理智的沟通模式较多，我们就需要训练自己提升和增强感受力，相信人的价值远远高过刻板的标准。

同样，我们也想象一下，如果一个孩子总是被超理智型的父母以超理智的方式来回应和对待，孩子的感受又会是怎样的呢？

第四种沟通模式类型，叫作"打岔型"。打岔型的人通常不会直接面对冲突。无论冲突是指向自己还是他人，他总是很不安，总希望立刻把对方的注意力转移开。他们容易冲动，心里的想法是："只要快点过去、只要我让大家更高兴，冲突可能就会被解决掉。"而内心深处，打岔型的人的独白是："没人关心我，没有属于我的地方。"所以，他们常常会非常敏感，也会感觉到孤单、无人理解，没有归属感。身体方面，神经系统很容易出现状况，容易便秘，消化系统常有问题。

打岔型的人，因为不愿意直接面对冲突，所以常常跳开，而且让他人误以为他们是很快乐很开心的。可是事实上，内心孤独、无归属感的体验却会困扰他们，甚至会引发重度的心理疾病。所以，如果我们以前经常用到这种类型的沟通模式，同样也要学会提升价值感、归属感。

打岔型的父母通常会使孩子也感觉到孤独和无助，因为当孩子面对冲突、需要支持的时候，他们总是得不到直接的回应。

以上四种类型，都不是健康的沟通模式，所以很难真正良好地应对冲突，甚至还会使冲突升级、恶化。

第五种沟通模式类型，叫作"一致型"。与上面四种

类型相比，这是最为健康的一种，也是我们要共同去学习
和努力的方向。

　　萨提亚女士的另一段小诗，很好地阐述了我们可以
努力的方向——

我与你的目标
作者：维吉尼亚·萨提亚

我想要爱你，而不抓住你；

感激你，而不评断；

参与你，而不侵犯；

邀请你，而不要求；

离开你，而不歉疚；

批评你，而不责备；

并且，帮助你，而不是侮辱。

如果，我也能从你那边得到相同的，

那么，我们就会真诚地相会，

且，丰润了我们彼此。

真诚地相会，即使是在冲突中。回顾我们刚才讲到

的前四种沟通模式类型，你会发现，无论是指责型、讨好型、超理智型还是打岔型，在面对冲突的时候都采取了无法真诚地呈现自己的方式来处理。当我们无法真诚而不攻击地自我呈现时，我们自然也就无法允许对方的真实呈现。

而孩子们，就像前面讲到的寓言故事里的小鸡，他们出生以后看到我们身上所背负的重重的壳，会以为这就是面对世界、面对冲突唯一的解决办法。当这些办法不断地被重复，就可能会变成他们日后很大的困扰和障碍。

"林紫心理堂"公众号的读书栏目里，我连续几周分享过"如何一致性地表达和沟通"，你可以找到它们，反复收听、不断练习。当我们能够以一致性的方式面对外界各种冲突的时候，我们的孩子也就多了一种更健康的可能性来面对他们的人生。

冲突对于孩子的成长其实很有意义。我经常会在讲座现场，请从来没有经历过冲突的朋友举手，结果可想而知——那是"神一样的存在"，世界上找不到这样的人。从出生开始，我们就不断地去跟外界发生关联，然后就有了沟通，继而就会出现这样那样的、大大小小的冲突。在冲突中，我们会发展出自己的应对策略，发展出新的能力，然后以此为基础扩大我们的人际交往范围，慢慢扩充我们自己内在对自我的认知。

所以，冲突本身是有能量和活力的，并不意味着就一定是伤害和问题，只有应对和解决冲突的方法出了问题，才可能造成伤害。

事实上，在成长过程中，孩子逐渐学会直面冲突、解决冲突，本身就是其社会化的一个重要的过程。通过这样的人际往来，孩子的适应能力会慢慢提升，独立自我也能够逐渐确立，内在安全感也会日益增强。所以，如果我们能够有更强大的内心，我们就能给孩子更多的时间和空间，在确保孩子身心安全的情况下，让他们发展出自己的冲突应对策略，而我们需要做的是：在他们有需要的时候，提供技巧和支持。

现实生活中，由于爸爸妈妈自己还没有学到更好的冲突应对方式，所以他们常常会担心孩子在冲突中受伤，接着就会快速地介入、打断、干涉，剥夺了孩子成长的机会。

圆子3岁半的时候，有一天从幼儿园回来，突然说："我不喜欢你，我不要跟你玩了。"和所有的妈妈一样，猛地听到自己心爱的孩子这么对自己说，心里真的会有一点点的难过和失落。假如这时我只停留在自己的感受里，而没有听到孩子内心真实的表达，那么我可能就会和许多妈妈一样，错过了解孩子的最佳时机。

幸运的是，我很快意识到，这是孩子在用她的方式告诉我"今天在幼儿园里经历了什么"。这是所有妈妈都特别想从自己的孩子那里了解的。可是所有的妈妈也都会发现：平时无论我们怎么问，幼儿园阶段的孩子都不会好好回答"今天过得好不好？开不开心？吃了什么？做了什么？"等"幼稚"的问题。要找到这些问题的答案，妈妈们需要细心观察，倾听"我不喜欢你"背后的声音，听懂孩子可能是在以他们的方式向我们求助，而不是真的要攻击我们。

我开始用角色扮演的方式来跟圆子互动。我说："哦，你现在不想跟我玩儿？那好吧，我就先跟芭比娃娃玩儿，跟Hello Kitty玩儿，等一下如果你想跟我玩了，你一定要记得来找我哦。"

我到现在还记得圆子当时的表情，她很认真地睁大眼睛，看着我想了一下。

我知道，那一定是因为她今天在幼儿园里经历了同样的情况，有小朋友对她说了"我不喜欢你，我不要跟你玩了"的话。当时她自己的应对可能跟妈妈的不同，所以听到妈妈的回应，小脑袋瓜就在想："哦？还可以这样说呀？"

果不其然，小小的圆子居然郑重其事地点了点头，然后看似平静地告诉我："今天××说不跟我玩了。"

我把圆子抱到怀里，轻声问："××这么说，宝宝会不会有一点儿难过呢？"

圆子点点头。我又说："妈妈跟你玩个游戏吧？你演××，妈妈演另外的小朋友，妈妈会用几种不同的方法回答你，看看你最喜欢哪一种，好不好？"

圆子又点点头。于是我就分别用指责、讨好、超理智、打岔的沟通模式来演另外那位小朋友。

指责型："我也不要跟你玩呢，你是个坏孩子！"

讨好型："那我以后都听你的，行不行嘛？"

超理智型："我妈妈说，我们小孩子都是这样的，一会儿好，一会儿不好。"

打岔型："今天的面包真好吃呀！"

因为我故意演得很夸张，圆子"咯咯咯"地笑起来，然后说:"我更喜欢等一下再跟我玩儿。"于是我知道,她已经学会了下一次类似情况发生时怎么去应对。接着,我又告诉圆子,无论什么时候,如果你很难过、自己想不到更好的办法,你都可以告诉妈妈或者老师,我们一定会支持你、帮助你。

通常,孩子之间的冲突本身并无大碍,但家长的不同回应却可能带来不同的影响。圆子4岁半的时候,跟一个比她小半岁的小弟弟一起玩儿。弟弟在游戏的过程中先动手了,圆子也动手推了弟弟,弟弟哇哇大哭。这时,弟弟的妈妈走了过来,她先倾听圆子,安慰圆子,说:"弟弟先动手不对,圆子想要自我保护,这个想法阿姨很欣赏。"同时,她也没有斥责弟弟,而是陪伴弟弟,让弟弟哭够之后,再轻声细语地跟他聊刚刚发生的事情。这就是我们所说的有力量的接纳和支持——妈妈的抱持力。

圆子5岁半的时候,有一次很好心地给一起玩的小哥哥买了一根火腿肠。哥哥平时很爱吃,但那天故意为难她,做出傲慢的表情说:"我才不要呢!"圆子平静地说:"好吧,你不要我就收起来了。"——这个时候,哥哥的妈妈也做得很好,她没有批评哥哥的故意为难,而是在一旁静静观察,允许孩子们自己去发展处理问题的能力。

　　在第一期"父母学点心理学"微课中，讲到冲突应对时，我特别邀请了台湾麦克出版公司前总编、儿童阅读专家余治莹老师，请她从这个角度为大家推荐一些绘本。她特别分享了绘本《阿文的小毯子》：小老鼠阿文很喜欢他的小毯子，从小到大从不离身。爸爸妈妈觉得他长大了，不能再这样了，想把毯子收起来，于是冲突就发生了。爸爸妈妈听了邻居阿姨的建议，先用讨好的方式说："你把这个毯子收起来就给你礼物。"可是阿文一点儿都不为所动。接下来，爸爸妈妈又听了邻居阿姨的建议，要把他的毯子泡陈醋，可是阿文依然不为所动。接下来，爸爸妈妈直接爆发了，严厉地拒绝了阿文带小毯子去上学的想法，于是冲突升级了，阿文哭了。最后，妈妈想出了一个解决冲突的"双赢"办法：把小毯子做成一条一条的小手帕。阿文每天都会带着他的小手帕，再也没有人说什么了。

　　你看，"一致性"的沟通和冲突应对，其实就在彼此理解和尊重的真诚基础之上，自然实现了。

　　愿我们和孩子一起，在每一次健康的冲突应对中，更有力量地成长。

作业

1. 分析自己日常的沟通模式，思考这样的沟通模式在应对冲突时会带来怎样的状况。

2. 借鉴《阿文的小毯子》《搬过来，搬过去》以及其他你看过的有启发的绘本，总结一些对你自己和孩子更有用的冲突应对方法。

心灵茶歇：妈妈们的作业分享

第一份

1. 我一直都知道自己的人际模式是讨好型，特别是遇到冲突时，就会想去停止这个冲突，比如我会认错，即使这让自己并不舒服，但我害怕冲突。我想改变这个模式，但很难，难就难在那不成熟的自己和不是那么稳定的自我。

2. 因为自己的原因，我也觉察到我的人际模式正在无形地影响着孩子，让她也变得胆小。孩子现在还未上幼儿园，不过还有几个月就要上了。我也担心她会受到小朋友的欺负。如何让自己和孩子应对冲突，我还需要学习很多，我也会慢慢和孩子一起成长。

第二份

通过这一次的课又知道了一位大师——萨提亚。林紫老师一说五种沟通模式，我就马上对号入座了。我是很害怕冲突的，是典型的讨好型与打岔型的结合体，讨好型更多一些，但当前正有所转变，尤其在面对孩子时，也会出现指责型和超理智型的一部分特征。通过今天的课程，我才知道原来还有一种一致型啊——努力的方向！顺便分析一下我的亲密关系：老公跟我是反着的——指责型加超理智型，我们的组合跟我爸妈的情况是一样的，就是林紫老师说的家庭关系的"轮回"。林紫老师对萨提亚沟通模式的分析我完全认同，且感同身受，不管是表面上的情况、深层的感受还是身体上的状况，都能对应得上，真理啊！

余治莹老师提到的绘本我看过，但没从冲

突应对方面考虑过，经过提示，我认识到：面对冲突，先要正视它、接纳它，平和平静，然后才能冷静地思考，甚至做出取舍，找到更好的解决办法来化解冲突。我也很赞同林紫老师说到的"外在的冲突其实源于内在的冲突"，能够好好地爱自己、与自己和平相处，才能将这种爱与和谐延伸到人际关系的互动当中。记得之前参加故事妈妈讲座时，老师也讲过一个绘本叫作《巫婆与黑猫》。一开始巫婆总是通过改变黑猫来解决冲突，但问题反而越来越多。最终巫婆通过思考改变了自己，改变了她的黑色城堡，从而解决了问题。这些又让我想到另一句话：有勇气改变可以改变的，有胸怀接受不能改变的，有智慧去区分这两者，真诚地面对冲突，拥抱冲突，向着一致型的目标前进。

第三份

我的沟通模式是针对不同人群有所不同。跟同事朋友、优秀的人、权威的人相处时，是讨好型。怕周围人对我不满意，好像别人都认同他权威，他就真的什么都对，而我什么都不对。即使冲突中真的是对方不对，或者只是客观原因，需要沟通，我也一再隐忍，内心非常不痛快。小事儿忍一忍、吃点亏就过去了，遇到大事或者诸多小事累积起来就可能爆发，破坏人际关系。自己觉察后，尽可能地鼓起勇气客观看待冲突，努力描述实际情况，面对冲突也会仔细问自己到底怎么想的，然后沟通时坚持原则。而跟家人——孩子、先生等让我可以真实面对的人相处时，我又成了指责型，一出口就是"你怎么怎么……"，为此夫妻关系曾很糟糕，可事实上冲突有时候是他的原因引发的，有时候是我的原因引发的，比如我行程有变、计划有变却没及时告诉他，等面对结果的时候必然吵架，一吵架我就会负气出走或者摔东西。以前还曾是理智型，就是乱安慰别人、讲大道理，对方本来是请求情感安慰的，被我一通评判更生气了，而我也觉得自己好无趣，以至于很多关系无法更好。而在自信乐观的情况下，我又可以是一致型，我发现自己也很机智聪慧，呵呵。只是没有打岔型，这说明我起码不逃避冲突，肯面对。

其实我真的不知道该怎么面对冲突，所以孩子和其他小朋友有冲突的时候，我要么中途制止，要么在他抢夺、占尖儿的情况下批评他。以后在安全的范围内，我会少些阻止，给他空间，让他自己学习面对冲突，同时，类似《搬过来，搬过去》这种涉及冲突解决办法的绘本我会多带着孩子读，和孩子一起学习、一起成长，唉……听这个故事的时候，我也像发现新大陆一样，才知道人与人之间的冲突是正常的，并且有"双赢"的办法，这对我的教育意义比孩子更大呢！

自我认同才能表里如一

如同我们在"学前班"章节里所讲的，充足的内在安全感会帮助孩子形成良好的自我认同，而良好的自我认同又能增强内在的安全感，帮助孩子应对人生的各项挑战。只有建立了比较充分的自我认同感，才能有效建立信心和自尊，而信心和自尊是一个人获得成功和幸福的重要心理基础。

顺着前一章节对五种沟通模式的探讨，我们来继续了解究竟什么是"自我认同"。

先看讨好型的人。讨好型的人之所以委曲求全，是因为他们心里总认为："你好，我不好；你重要，我不重要。"习惯于讨好的人，对自己有着诸多的不认同，觉得自己处处不如人，所以会感到自卑。

再来看指责型的人。与讨好型的人相反，他们会认为："我好，你不好；我重要，你不重要。"所以，他们常给人自负的印象。过于自负和自卑一样，其实也是内心自我价值感不足的表现。价值感不足而又怕被人发现，所以会以生硬的方式来掩饰内心的虚空。

超理智型的人会认为："我们都不如它好，都不如它重要。""它"是什么呢？是大道理。这类人习惯进行自我隔离，他们会认为"自我"本身没有任何价值，只有在自我代表真理发言时，才可以让自己立于至高之地。

打岔型的人会认为："你也不好，我也不好；你也不重要，我也不重要。"看上去他们活泼风趣，内心却不快乐，因为与前三种类型一样，他们都没能形成良好的自我认同，缺失了自我价值感。

只有自我认同度高、价值感足的人，才能够认同和接纳对方的价值，确信"你好，我也好；你重要，我也重要"，也才能最终"修炼"出表里一致的沟通模式。

表里一致型的人，因为能够自我悦纳，所以能够悦纳他人，能够接受彼此的差异。因为接受差异，所以接受冲突，同时真诚而积极地面对。

作为父母，如果我们想要培养一个自信的孩子，就要先检视我们自己自我认同的部分有没有完成。只有父母形成了良好的自我认同，孩子才有可能形成自己的自我认同，并在此基础上发展出良好的自信心。

很多父母习惯于从表象上来评判孩子自信与否，比如孩子不敢上台表演，不愿参加比赛，父母往往急于让孩子改变。可是，假如源头没有被梳理，真实的改变也不会发生。唯有源头清澈了，才会有自信的活水源源不断地涌出来。

自信的源头，是自我悦纳。通俗地说，就是喜欢自己。

在为幼儿园的老师和爸爸妈妈讲绘本的心理阅读课上，我最常用到的是我和圆子都很喜欢的绘本《我喜欢自己》，作者是新西兰心理学家特蕾西·莫洛尼。

每次上课前，我都会提三个问题：你喜欢自己吗？你最喜欢怎样的自己？你最不喜欢怎样的自己？

每一次现场课上，在座的爸爸妈妈听到后面两个问题，总是滔滔不绝，因为每个人似乎都有一些自己喜欢和不喜欢的部分，有很多人会说："如果我……，我可能就会更加喜欢自己。"

有人说："我如果每件事情都能够成功，就能有成就感，我就会喜欢自己。"于是，他们表现得处处要强，不容许自己失败，有时发展到极致，甚至可能会产生严重的抑郁。也有人说："如果我的鼻子长得再漂亮一点，我就会更喜欢自己。"结果，医院的整容科里常常遇到无论做多少次整容手术都还是不喜欢自己的体象障碍患者。

对自己"有条件喜欢"的父母，对孩子也常常是"有条件喜欢"的。

我们曾经谈到过，有一类人，因为幼年不安全的依恋关系，所以成年之后频繁发生外遇，不断想去建立新的亲密关系，可一旦关系建立又想要逃离，所有的感情最后都会变成无果花。这样的人，渴望在亲密关系里寻找让自己喜欢的自己，然而却不知道，真实和持久的亲密关系是建立在良好的自我关系之上的，只有真的悦纳自己时，才会在一段关系中安心。

下面的图可以帮助我们更直观地了解这一章节要谈的主题。

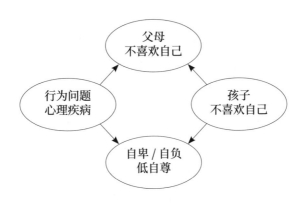

自我认同与亲子关系，林紫，2012

通过这幅图，希望大家看到，如果父母不是真的喜欢自己（这种喜欢并不意味着盲目的自恋，而是充分了解自己有所能有所不能、跟他人的相似和差异之后，还能发自内心地接纳自我），孩子就会慢慢地也不喜欢自己。继而就会出现我们之前所谈到的过于自卑，或者过于自负。在自卑和自负这两个外在表现之下，就是我们所说的低自尊。

需要解释的是，我们通常在生活里谈到"这个孩子自尊心很强，听不得别人说他不好"时对"自尊心"的定义，和专业领域里所定义的"自尊"有所不同。真实的自尊是指，在充分自我了解之后，能够对自己形成真实的评价，并且能够用表里一致的方式来与外界相处的一种表现。

低自尊人的内心深处，常常充满了对自我的排斥、贬低、不接纳，最终引发与外界互动的困难。

所以，孩子看起来"不够自信"的行为表现，正是帮助我们去了解他们心理需求的一条线索。如果不及时了解，没有从系统的角度进行调整，可能就会引发心理疾病。伴随这样的行为问题和心理疾病，孩子长大也成为父母之后，就会继续这种不健康的循环。

低自尊儿童可以分为消极的低自尊和积极的低自尊两类。

消极的低自尊儿童，是指在能力上缺乏自信，认为自己没有能力做好事情，不再期待通过自己的勤奋和努力去获得自信和他人尊重的儿童。他们的行为表现通常是退缩。

积极的低自尊儿童，是指对自己的能力并不怀疑，但对获得他人信任没有信心，认为自己无论怎么做也不可能得到成人的赞赏和肯定，导致漠视成人评价和期望的儿童。他们通常会表现出攻击性行为。

如果只是泛泛而谈自信与否，孩子可能从此就被贴上一个沉重的标签，之后变得越来越不自信。但如果通过学习，父母开始懂得仔细分辨，就会知道孩子在哪方面需要得到我们的支持。比如，对于消极的低自尊儿童，可以帮助孩子更好地培养某一方面的能力，同时为他争取压力较小的展示机会。

积极的低自尊儿童，由于在跟父母的互动中缺乏来自长辈的认同，对获得他人的信任没有信心，所以就容易出现"要么，我就根本不在乎你怎么评价我；要么，我就反过来表现出更多的攻击行为"。

这一类孩子，在成长过程中会积极不断地去获得更多的知识和能力，成为别人眼中的成功人士，但是内心的低自我评价、自我价值感的缺乏，仍然会导致他们不自信。

有了这样更清晰的区分，就能够帮助父母放下我们惯常使用的对孩子大而化之的盲目评价。许多父母已经开始了解贴标签的坏处，可每到关键时刻，又会不由自主地使用原来的方法。

多一些觉察，我们可以将对孩子的评判变成思考：孩子现在需要我从哪些方面给予更多的帮助？在过往跟孩子的互动中，我又有哪些偏颇或者缺乏的部分呢？

低自尊父母的表现：

1. 总是指责孩子的错误。

2. 总是拿自家孩子与别人的孩子进行比较。

3. 总觉得老师对自己的孩子不如对别的孩子好。

4. 什么都要给孩子"最好的"。

5. 对自己的行为没有约束和要求。

6. 暴力、爆粗口。

7. 唯唯诺诺，不敢表达真实感受。

8. 讨好、牺牲、委曲求全……

要想更好地获得这样的一份觉察，更好地从自我的行为调整开始来帮助孩子，我们可以对照上面的这份清单。常见的低自尊的父母通常会有这些表现，比如：总是指责孩子的错误，孩子一旦出现问题他就会很紧张、很焦虑，或者总是拿自己的孩子跟别的孩子比较。还有一些父母总会担心老师和别人对自己的孩子不如对别的孩子好，再或者就是什么都要给孩子最好的，同时对自己的行为没有约束和要求等。这样的父母，在孩子面对冲突和挑战时，常常首先责怪自己的孩子，而不是给他们支持、帮助与保护。

低自尊孩子的表现：

1. 怕出错。

2. 表达困难。

3. 受不得批评。

4. 抗逆力（心理弹性）弱。

5. 特别乖。

6. 特别叛逆（"破罐子破摔"）。

7. 自虐 / 虐待动物……

当父母的自我价值感不足、自我认同偏低的时候，孩子也无法形成良好的自我认同，所以才会有上面的这些表现。

心理学家埃里克森总结了人生八个阶段的发展任务，对照下面前五个阶段我们可以看到，建立自信心的关键时期是在3~6岁。

埃里克森人生八阶段（前五个阶段）

发展阶段	年龄（岁）	主要冲突与任务	形成的美德
婴儿前期	0~1	基本信任还是基本不信任 重要的联系：照护者 任务：对周围世界的信任超越不信任	希望
幼儿期	1~3	自主还是羞怯与疑虑 重要的联系：父母 任务：在怀疑和羞怯中发展独立性	意志力
儿童早期	3~6	主动还是内疚 重要的联系：家庭 任务：不断尝试新的事物，克服内疚，建立自信心	目的
儿童中期	6~12	勤奋还是自卑 重要的联系：学校和同伴 任务：学习重要知识、技能和生存技巧，勤奋感超越自卑感	能力
青少年期	12~20	同一性还是角色混乱 重要的联系：朋辈群体、角色模式 任务：发展自我同一性	忠贞

如果说，0~3岁是安全感建立的关键时期，那么3~6岁就与自我认同和自信心的养成紧密关联。在这个过程里，一个健康发展的孩子会在健康父母的养育之下，逐渐了解：我能做什么？有哪些是我还不能做的？我想要做什么？我是否被允许去尝试？我愿不愿意去尝试？他们

能够逐渐知道自己有所能和有所不能，并且能够积极向外求助。这样的孩子会越来越自信。

跟父母的关系是孩子的第一段人际关系。父母是孩子的镜子，反过来，孩子也是父母的镜子。婴儿通常是从父母对自己的期待和评价以及接纳与否的态度表现中慢慢形成"我是谁""我有什么价值""我能不能去相信外界""我能不能去大胆尝试"等重要判断的。父母怎样看待孩子，孩子就会怎样看待自己。

在前面的章节里，我们分享过《伊索寓言》里圆子最喜欢的故事——《母亲的力量》。小猴子在别的动物看来奇丑无比，可是母亲非常坚定、非常自信地大声告诉其他动物：无论别人怎么看，在母亲的眼里，她的小猴子是这世界上最漂亮、最可爱的。当年只有3岁的圆子听了这个故事之后，会自己抱着书上的猴妈妈不断地亲吻，说："我爱猴妈妈！"

圆子的表现让我再一次确信，孩子真的是比我们想象的懂得更多。当他们能够觉察到来自母亲的力量的时候，他们的内心也充满了力量感。

微课里，我给大家推荐了韩国电影《扑通扑通我的人生》，宋慧乔饰演的母亲，有一个患有早衰症的孩子——十来岁的孩子，却满脸皱纹、老态龙钟，还有各种老年病，在别人眼中就像一个怪物。面对世人的偏见和嫌弃，她和孩子的父亲给予了孩子无条件的爱和支持，帮助他建立自信，使他温暖地度过了自己短暂而充满爱的一生。

借着电影片段，我们可以从生命形成之初开始，逐渐了解孩子的自我悦纳、自我认同到高自尊和自信的养成，会是怎样的一个过程，会经历怎样的挑战。

电影中有一个片段，是夫妻俩回忆怀孕时对孩子的期待。跟世界上所有的爸爸妈妈一样，那个时候，他们最期望的就是母亲肚子里的小宝宝未来会是健康的、平安的，却全然不知等待孩子的将会是怎样的命运考验。

父母的期待会对孩子未来的自我认同产生深远的影响，即使是他们还在妈妈肚子里的时候。请试着问问自己：你了解父母对你的期待吗？你是否觉察到父母的期待对你的影响？这个期待在你不同的成长阶段里，又会有怎样的不同呢？同样，也问问自己：我对孩子的期待又是怎样的呢？这份期待在孩子出生以前和出生以后有没有变化？

父母都期待孩子健康，可是，不是每一个孩子都能够非常健康地出生和成长。其中的原因，有生理基因方面的，也有一些越来越多被关注的心理层面的影响。

比如说，怀孕期父母之间的关系状况、母亲的情绪、母亲内心被压抑的冲突、整个家庭系统里没有被解决的问题等，都可能会在孩子出生后的生理或者心理层面展现出来。

电影里的妈妈面对孩子即将离去的事实，内疚地哭诉说："都是我的错，因为当年17岁还是学生的自己怀孕之后，无措而又无助，便日日祈祷着千万别让这个孩子生出来……"

母亲的情绪和心理上的准备，对于胎儿的身心健康有着极大的影响。如果父母没有做好足够的准备，甚至在怀孕期还迟疑着"到底要不要这个孩子"的话，那么在孩子未来的成长里，如果不做特别的处理和觉察，就可能会产生各种各样的遗憾。在现实生活里，这么极端的案例也许没有太多，可是你会看到有一些太想要女儿的父母，当孩子出生后发现是儿子时，父母心里很失落而且克制不住自己内心的期待，于是把儿子当成女儿来养，结果导致孩子出现性别认同上的困难。

有的孩子在孕育期就已经被赋予了过多的意义和责任，比如妈妈期望通过孩子来挽救夫妻关系，或者期望孩子去实现自己没有办法达成的愿望，等等。这样的孩子，在出生以前就已经被不断暗示说："你不能做你自己。"试想一下，这个孩子如何能够在日后的成长中建立自信呢？

电影中的孩子，无论是因为基因突变，还是因为妈妈太过强烈的"不希望他出生"的原因，总之比其他的孩子要更早地离开这个世界。他的长相让周围的人觉得恐怖，无法接纳。可是尽管如此，这一对年轻的爸爸妈妈依然表现出了非常强大的认同、接纳与支持，令人感动。

影片中一家三口在广场上有一段对白。妈妈抚摸着孩子布满皱纹和老年斑的脸说："好聪明，我的儿子这是像谁啊？"—— 这句几乎每个父母都说过的台词，发生在这个特殊家庭当中该有多么的不易。孩子的外形，一般人看来很难接受，甚至避而远之，可是在爸爸妈妈眼里，就像小猴子在母猴子的眼中一样，他永远都是那么完美和可爱。夫妻俩争着说："眼睛像我，聪明像我……"当父母用这样的方式来表达对孩子的认同和爱的时候，孩子对自我由外而内的部分也能够越来越多地喜欢、接纳，继而才能逐渐形成良好的自我认同，发展出自信心。

跟这对父母相比，我们能够拥有一个健健康康、平平常常的孩子，该是多大的幸福。可是为什么我们却有那么多的不满和挑剔呢？比如，有的父母会口不择言地说："你看看你，小细胳膊小细腿！你看别人都比你长高一个头啦！""你怎么这么笨？这个都做不好！"……所有的挑剔，是爱的表达，还是我们自己的不自信倾泻在了孩子身上呢？我们希望孩子自信，却常常亲手毁了孩子的自信。

很希望你也看看这部电影，希望你会和我一样，看完后由衷地感恩自己的孩子，感谢他们可以这样健康地来到这个世界上，可以让爸爸妈妈拥有正常而普通的生活。

人生已经很不易，当孩子遇到挫折、渴望更多支持时，我们真的知道如何去支持和保护自己的孩子吗？

电影中，当孩子被嘲笑、欺负时，爸爸忍无可忍、挺身而出。妈妈责怪他"都这么大了还惹是生非"时，他说："当他被嘲笑时，你能忍受吗？世界上哪有这样的老爸？"

世界上还真的有这样的老爸——当孩子受了委屈或做错了事，他们非但不伸出援手，反而雪上加霜，指责孩子给自己添麻烦，甚至对孩子大打出手。虽然更有力量的支持，不一定是像电影里的爸爸一样靠武力来表达，可爸爸的态度值得我们深思——站在孩子身边，而不是对立面。

站在孩子身边，并不是包庇溺爱，或者虚假和不切实际地恭维、承诺。

电影中的妈妈一次次帮孩子真实地面对外部的打击以及自己身体的缺陷，她不否认缺陷的存在，可依然帮助孩子完成自我认同。

当孩子感觉到周围人异样的眼光时，他内心很难过，戴上墨镜掩饰自己。妈妈说："你就是一个生病的孩子，你想哭就哭。同时，在面对疾病的时候，你比舅舅还有勇气，你就是这样的你。所以你可以摘掉眼镜，你就可以成为你自己！"

没有说教，没有批评，也不是野蛮地将孩子推出去"锻炼自己"，而是帮助孩子坦率真实地面对自己，同时帮助他找到自己身上的亮点。孩子不但意识到了自己的可贵品质，而且知道，那是妈妈所珍惜的。同时，妈妈的幽默和坦荡本身就是对孩子自信心最好的滋养。

还记得《不完美小孩》那首歌吗？那是圆子教会我唱的，她也教会了我：读懂不完美小孩们内心深藏的感恩。

我们的孩子，都是不完美的孩子，我们不需要用虚伪和夸张来粉饰、赞美他们，因为他们本就不需要。过度的、不真诚的表扬和赞美，不但无法帮助孩子建立起自信心，反而会使他们更加怯懦，更加无法面对真实的自己。

孩子成长到小学后期，会逐渐从注重长辈认同发展到注重同伴认同。到了青春期，异性认同就变成影响自信心的一个重要因素。电影里的孩子虽然活一年相当于别人活十年，可他仍然会有青春期的困扰，也会经历同一性发展过程中的混乱阶段。足够接纳他的父母，让他可以自由地呈现出自己的困惑。

当对未曾谋面的"女孩"开始有了朦胧好感时，孩子跑去问隔壁老张："像我这样的人，要是有人喜欢我的话，是不是真的呢？是不是她有什么问题呢？"老张开玩笑说："她有病啊！"因为不担心父母的嘲笑和指责，所以可以这样放开来谈自己的情感，这本身就是很美好的自我认同的一部分。老张说："你还是个孩子，想那么多干吗？想做什么就去做吧！"于是，有着80岁面孔的16岁孩子，做了一个美梦——这个美梦，其实就是理想自我的呈现。

我在其他的课程里，与学员们探讨过现实自我、理想自我、他人眼中的自我等之间的关联。自信心的建立伴随人生发展的各个阶段，尤其是青春期的时候，会表现得更为复杂。电影的这个片段，极好地展示了青春期孩子自我认同的波动，也就是我们所说的自我同一性建立阶段的混乱表现。

青春期的男孩女孩常常渴望自己像××或××，觉得那样的自己才会得到更多的异性喜欢。然而，并不是每个父母都理解。有位30多岁的外企女高管，丈夫有了外遇后她心情极度低落，因被诊断为轻度抑郁而前来咨询。她说："其实我并不是那么在乎他这个人，只是他的外遇让我更加相信自己是个没人喜欢的人……16岁的时候，因为爱美，偷偷地化妆被我妈看到，她一脸嘲讽地指着窗外挂着青柿子的柿树说：'你比那上面没熟的柿子还难看！还化妆！化给谁看？'你说，连我妈都这样说我，还会有谁喜欢我？到现在，我听见别人说'柿子'，都会反胃、难过……"

两个妈妈，鲜明的对比。假如我们理解孩子不同年龄发展阶段的心理需求和特征，我们就不会以极端的方式去嘲讽和打击孩子对理想自我的想象，孩子重建自信的可能性也就会更大。所以，不是因为孩子足够好了才能自信，而是自信了才会足够好。

当孩子的现实自我和理想自我都被尊重和接纳、被看见和听见的时候，孩子内心深处与父母的联结也会非常稳固。健康的家庭关系、亲子关系，会让父母和孩子彼此之间成为互相的力量支持来源，从而共建有自信、高自尊的家庭系统。在这样的系统当中，孩子对于父母的悦纳和认同，将会帮助他们更好地应对人生大大小小的考验和变故。

电影中，当孩子被问到"如果有来生，你想做个什么样的人"时，他说："我想成为我的爸爸。"他还写了一首非常感人的诗——《父亲》。

爸爸问我：

如果有来生，你想成为什么样的人？

我很大声地回答：

爸爸，我想成为我的爸爸。

爸爸问我：

你可以有更好的未来，为何要成为这样的人？

我害羞地小声回答：

我要成为爸爸这样的人，然后

像你一样生下我，体会一下爸爸的心情。

有了这样的深度认同，我相信，即使在电影的结尾——孩子离开了爸爸妈妈，爸爸妈妈心中也会永远留下支持和温暖的力量。

有没有什么时候，我们也听到孩子真诚地说"爸爸、妈妈，我想成为你们那样的人"？

通过这部感人至深的温暖电影，回过头来看我们自己与孩子的互动，也许你真的开始了解：其实孩子自信与否，与他能不能做什么、健不健康、跟别人是否一样……并没有直接必然的关联。重要的是，我们如何看待他们，如何跟他们互动，如何与他们坦诚相待。

在关于安全感的现场讲座中，我每次都会展示一张几年前的新闻图片。图片中，年轻的卡车司机遭遇车祸，身子被压在卡车下面，救援人员很难立刻将他救出来。眼看生命垂危，司机蘸着自己的鲜血在车上写下两个字鼓励自己活下去，那两个字是——爸爸。

什么样的爸爸，可以在生死攸关的时刻给予孩子如此巨大的支撑？新闻说，那是一个早年离异、独自抚养孩子长大的独臂老人。他或许不善言辞、更无学问，但他给予儿子的爱却为儿子撑起了整个生命，儿子以莫大的信心奇迹般地活了下来。

换个轻松的话题。有个小笑话说，儿子拿回来成绩单，语文0分、数学1分，整个家庭的气氛非常凝重。孩子很怕父亲发火，没想到父亲说："儿啊！你有些偏理科啊！"喜欢这个小笑话，因为里面含着父亲对孩子的信任，那就是：即使你跟别人比，这两个科目都差得太远，我也能在其中看到你的优势，然后帮助你一起来发挥你的优势。这样的父亲，就是自信的父亲。

所以，我很希望大家了解：孩子是否自信，我们不要太早下结论。不要轻易贴标签，要学会去辨别和区分孩子在哪个部分需要得到我们的支持。

圆子6岁的时候，我们开始谈更多比较深的话题。有一天，我们谈到了礼貌。我跟圆子探讨：礼貌为什么重要呢？它的好处是什么呢？圆子说，因为有礼貌就会被喜欢。我告诉她，被喜欢可能是礼貌的结果之一，但它不是原因。我们有礼貌，也许有人喜欢，也许仍然有人不喜欢，但是，那不是最重要的，重要的是：人人都想被尊重，同时，礼貌也是自己的能力和美德的一部分。我希望孩子了解，我们能够选择和决定我们自己要做一个怎样的人；

同时我们也开放性地去接纳世界对我们的观点和态度，而不是把我们的取舍建立在他人的评价之上。这也是自信养成的重要部分。

更早的时候，圆子4岁多，刚学钢琴不久，正好有机会参加一堂大师公开课。公开课在音乐厅的大舞台上进行，主办方把最小的圆子排到了第一个。对圆子来讲，高高的舞台、炫目的灯光会让她在那一刻感到紧张。所以，她不断地去洗手间，不想上场。我立刻跟主办方协调出场的顺序，并且在洗手间陪着她，一方面给她足够的时间，另一方面我从包里拿出一只她很喜欢的护手霜，轻轻地涂抹在她的小手上。那款护手霜有马鞭草的味道和淡淡的柠檬的气味，可以帮助她更好地放松。我相信她做得到，只是需要时间。

我告诉圆子："如果是妈妈的话妈妈也会紧张的，妈妈在你这么小的时候还从来没有登上过那么大的舞台呢，你很了不起。"同时，我的内心深处真实地相信，圆子是一个自信的孩子。比如说，4岁的她，会在活动开始前自己拿着手机跑去跟大师自拍合影，跟大师交流，询问大师为什么喜欢弹琴。这些都是孩子自我认同的真实流露，关于舞台，她需要的只是支持和鼓励，而不是"自信与否"的评判。果然，当她准备好了，我请她的钢琴老师跟她一起上台，愉快地完成了一堂互动课。当大师问她"将来你想做什么"的时候，她坦率地说："我还没有想好。"

我和圆子还常常会一起想出一些小诀窍、小方法、小游戏，来帮助我们去面对一些还不熟悉的场景。比如我们会有一枚小小的魔法宝石，当圆子说"妈妈这一次我有点儿紧张"时，我就说："你把这个魔法宝石放在你的口袋里吧，妈妈的力量就会陪着你。"然后我们两个人一起give me five（击下掌），一起说："母亲的力量！"

相信自己，相信孩子，让父亲或母亲的力量陪伴孩子快乐成长吧！

作业

1. 找个安静的时间，写下三个你最欣赏孩子的地方，找找看，有没有什么方面孩子可以成为你的榜样、做你的老师呢？

2. 请回忆一下，孩子在某个时刻表现出不够自信时，你是如何去鼓励和支持他/她的呢？

心灵茶歇：妈妈们的作业分享

我一直认为孩子有很多值得我学习的地方，她指引我看到我的不足，指引我成长。孩子的优点很多：首先，无论什么时候，她都能够表达自己的各种欲求，坚持而坚定；其次，她敏感、有同情心、有爱心；最后，她能察言观色，随时观察周围环境来调整自己，可以说情商很高。

在平时陪她玩的过程中，有时我会发现她不能接受失败，如果没做好就着急或很生气，有时我会说"是不是刚刚没做好很生气？不要紧，多试几遍就好了"，引导她慢慢再试一次。在这之后她还会碰到更多挫折，我会帮助她认识到这些都是很正常的，大人也会犯错。接纳她的情绪，慢慢去引导她耐心尝试。我在生活中会试着多放手，多给她自己尝试的机会，然后再给她做一些示范，慢慢引导她相信自己的能力。

高情商的父母才有高情商的孩子

自我意识、自我评价和自信心，其实正是第七个关键词"情商"的重要组成部分。回顾前面的章节，你会发现人生真的就像我们的主题分享一样环环相扣、密不可分。每一部分都有其他部分的渗透，而每一部分也都是在为其他部分的成长做着准备。

在自我认同部分的作业里，我们谈到了鼓励。能否鼓励他人和自我激励，也是情商的一部分。高情商的父母，其孩子的情商也不会差到哪里去。所以，和其他关键词的探讨一样，在讨论如何提升孩子的情商以前，我们要先检测一下自己的情商。

我们以"林紫妈妈花园"的活动为线索，来看看如何鼓励孩子才叫高情商。"林紫妈妈花园"经常组织亲子岩降、攀岩、探洞等心理自然教育活动，这些活动都相当有挑战。有一次，大家要攀上高高的岩石，而那一天正逢大雨倾盆，大到一根很粗的树枝都被压折落了下来。

即使如此，大多数孩子仍然兴致勃勃，争先恐后地要尝试去完成任务。可是，也有那么一两个孩子，在这个时候缺失了信心，因为害怕而想要退缩。这个时候，妈妈们会做出什么反应呢？

我们来看看四位妈妈的不同反应。通过四种不同的反应，可以回顾我们之前所讲的内容，并且慢慢地引入关于情商的话题，看一看哪位妈妈的反应是属于高情商的。

第一位妈妈说："有什么好怕的？上！"

第二位妈妈说："你看比你小的都上去了，你怕什么呢？"

第三位妈妈说："加油啊！如果你能上去，回家后我就给你买冰激凌。"

看上去，这三位妈妈似乎都是在鼓励孩子去尝试，不过结果会怎样呢？

先来看第一位妈妈。"有什么好怕的？"如果你还记得我们之前探讨的跟孩子沟通和表达的方式，你会发现这个表达里面出现了一个很大的失误，那就是否定了孩子的情绪。当孩子的情绪被否定的时候，他就很难步入下一个环节去面对问题。

第二位妈妈的话，听上去是不是很熟悉？那是因为我们自己也经常这样讲。看上去是想要以小的孩子的行为来激励自己的孩子，但是事实上，我们非但没有鼓励孩子，反而会让孩子认为："你看，我的确是不行，连小孩子都不如。"

第三位妈妈给了孩子一个甜蜜的诱惑，她的方法似乎比前两位妈妈的方法更具体一些。这个方法可能有效，但带着诱惑的深情，往往会制造出新的问题。

再看第四位妈妈的反应。妈妈看到孩子不敢尝试，于是走到孩子身边，握住孩子的手说："第一次是让人觉得有点怕怕的。妈妈怕的时候会做一个深呼吸，然后一点一点地尝试。你今天要不要也试试看呢？妈妈已经确认过，你会非常安全，只要你今天能上一小步，就已经是大大的胜利了呢！"

听上去似乎有一点啰嗦，然而事实上，真正能够起到鼓励孩子作用的，就是这样温暖而有力量的"啰嗦"。为什么这么说呢？如果你能够牢牢记住我们之前的分享，并且把它们内化于心的话，你会发现这位妈妈接连做了四件重要的事情。第一，读出了孩子的情绪；第二，接纳了孩子的情绪；第三，给予了孩子一定的指导和分享；第四，分解了孩子将要去完成的目标。

试想一下，如果我们是孩子，听到四种不同的回应，我们的感觉会是怎样的？在哪一种情况下我们会重新获得信心，愿意去尝试迈出一小步呢？显然，第四位妈妈会胜出，因为她情商最高。

还有一位妈妈，她的儿子因为各种原因受了委屈，当众哭了。别的小朋友都嘲笑他"那么大了还哭"，妈妈则抱着儿子的肩膀说："儿子，哭吧，哭也是需要勇气的！"

情商对大家来说，似乎并不陌生，但又总是雾里看花，比较神秘。上面提到的这些片段，也许可以帮你更进一步地揭开面纱，清晰地看到情商对亲子关系的影响。简单地说，情商是人在情绪、情感、意志、受挫力等方面的综合品质，情商高的父母通常会更有耐心，会懂得陪伴和鼓励，懂得信任孩子。

有人拍了一段有趣的视频：狗妈妈和猫妈妈教孩子下楼梯。狗妈妈不断地给狗宝宝做示范，狗宝宝终于尝试着迈出了几步，狗妈妈及时地用非常温柔的亲吻作为对小狗的回应，让狗宝宝顺利地完成了自己成长的功课；而猫妈妈的表现则更像很多失去耐心的母亲抓狂时候的样子——它受不了小猫慢吞吞的试探，一巴掌就把小猫推下了楼梯。

经常有父母说："我也知道陪伴很重要，但不知道为什么，就是没有耐心。"我会回答："耐心来自信任，当你相信孩子终将以自己的节奏和速度，发展出他们自己的能力时，你就能很好地陪伴他/她，静待花开了。"

哈佛大学心理学博士丹尼尔·戈尔曼，是第一个提出情商概念的人，人称"情商之父"。他的研究给人们带来一个"福音"——假如说人的智商取决于遗传，并且在十几岁、二十几岁的时候会慢慢停止发育，那么情商其实是可以终其一生不断地提升和发展的。

这20多年里，我给企业讲课的时候，经常会讲到一个重要的概念：情绪胜任力。企业中的优秀员工，他的情绪胜任力比其他方面的胜任力重要得多。同样，父母的情绪胜任力也是家庭组织高效、健康发展的基石之一。

对照下面的图，你可以试着给自己的情绪胜任力打打分：

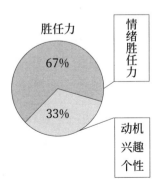

情绪智能（Emotional Intelligence）

有效管理自我与人际关系的能力

五大情绪胜任力				
自我意识	**自我调节**	**激励**	**共情**	**社交**
·自我观察	·自我控制	·成就驱力	·理解他人	·影响力
·自我评价	·可信赖	·承诺	·发展他人	·沟通
·自信心	·良心	·主动性	·服务	·冲突管理
	·创新	·乐观主义	·多样性	·合作
	·适应性			·团队
				·领导

　　我们可以看到，在组织中，一个能够胜任自己岗位要求的优秀成员，他的情绪胜任力的影响占到了67%。家庭同样也是一个组织，在这个组织中，作为父母，这67%的胜任力是如何影响孩子成长的呢？

　　我们还可以看到情绪胜任力有五大要素，包含自我意识、自我调节、激励、共情（同理心）以及社交的能力。其他的四个部分，我们在之前的章节里都有过分享，这一章节里，我们讲最重要的部分——共情，也叫"同理心"。

　　同理心，类似我们常说的"换位思考"，是指在人际交往过程中，能够体会他人的情绪和想法，理解他人的立场和感受，并站在他人的角度思考和处理问题。

一个好的同理心回应，第一个步骤是联结，让我们自己和对方（无论他是我们的伴侣、父母还是孩子）的情感真实联结在一起。这样的联结不是虚伪的表面认同，而是发自内心的、带着不评判的态度，就像伏尔泰的名言："我不同意你的观点，但我誓死捍卫你说话的权利。"假如能把这样的生命之间彼此尊重的态度融入我们的养育观里，不对孩子的情绪反应做出事先的评判，你会发现，我们更容易听到孩子内心真实的感受。这就叫联结。

同理心的第二个步骤，是准确地读出对方的情绪。有时，我们也想尝试让对方感受到我们对他的理解，所以会言不由衷地说"我知道你现在很难受"。然而，这样的表达往往并不能真的深入对方的内心，因为对方的感受可能会是："你不是我，你不可能知道我到底有多难受。"如何能够读得更深入呢？还记得我和圆子的"本子风波"吗？记得我特别画了和圆子一样的图案来回应她吗？很多时候，当你不知道怎么表达时，你可以"照猫画虎"，如实地重复对方当下说的话、做的动作即可。这些重复，只要是专注和真诚的，对方就能"接收"到你与他是同频的，你是跟他站在一起的。我们真实地跟对方处在同一个状态和处境里，对方就能够感受到我们的同理心，进而打开心扉。如果你还是不知道该如何做，那么去看看电影《沙发上的心理医生》吧。

更进一步的同理心，不仅能读出对方表面的情绪，还能读出对方更深刻的情绪和需要。仍然以攀岩过程中小朋友的胆怯为线索，如果我们仅仅读出胆怯，可能那个时候心里最想做的就是中断他的胆怯，给他更多的勇气。如果读得更深入，我们会发现孩子胆怯的背后其实有着多重的需要，比如说他需要确认安全与否、需要具体的方法和温暖的鼓励。另外，他也需要在自己没有做到的时候，仍然能够被接纳和抱持。另外，胆怯的背后往往还有害怕被别人嘲笑、害怕自己不如别人、害怕自己达不到自我期待等复杂的情绪。假如我们不断地训练自己，就会发现，我们解读情绪的能力越强，跟孩子一起学习高情商相处的通道就越多。

同理心的第三个步骤是，读懂情绪之后，允许这样的情绪存在。现实生活里通常会出现的情况是：如果孩子哭，家长常常会不由自主地想要去打断或快速转变孩子的情绪状态。可是，过急的切入往往适得其反，让孩子更深地陷入自己的情绪之中。

同理心的第四个步骤是，我跟你之间有了联结，能够读出你深层的情绪与需要，允许你在你的情绪里待一会儿，同时，我会静静地陪伴在你身边。完成了这个部分，就可以进行第五个步骤：给予支持。对孩子来说，父母还要给出果断、恰当和具体的指导。

同理心的训练，是一个心理咨询师专业的训练过程当中最为重要和关键的一步，需要不断地练习，才能真正出神入化地掌握。而作为父母，想要提升同理心，孩子就是我们最好的教练兼陪练。

同理心会让对方感觉到"我们彼此是一体的"。前面讲到的第四位妈妈，正是因为同理心而胜出，才被我们叫作高情商的妈妈。看完电影《沙发上的心理医生》，你会发现，原来我们给予他人支持要比我们想象的容易，可同时，如果它没有内化到我们的人生态度里，常常又是遥不可及的。因为同理心与其说是技巧，不如说是态度。只有真的内化到跟人相处、跟整个世界相处的每一刻，我们才能更好地在技巧层面上达到改善沟通、传递支持的目的。

有位妈妈曾经来咨询，说："我的儿子什么都好，但是他就是很怕狗，一见到狗就不知所措。"我问她："这件事情影响到他的日常生活了吗？"妈妈说："没有啊！"于是我告诉她，适度的害怕其实是自我保护的一项重要能力。人类正是靠着这样的恐惧和警觉，才能够生存繁衍下来。假如孩子对于一些大型的动物有正常的情绪反应，我们不用太快地去给他贴标签，而是能够看到孩子每一个反应背后重要能力的发展。

保持健康、适度的警觉和害怕，对外部世界的变化有敏锐的觉察，并且能够及时做出恰当的回应，其实正是情商较高的表现。

和其他任何一个话题一样，如果我们要培养高情商的孩子，就要先试着提升自己作为父母的情绪胜任力，学习做高情商的父母。言传身教胜过技巧。

有一段日本幼儿园小朋友挑战10段跳箱的视频，曾经打动了很多人。

视频里，别的孩子都顺利地完成了动作，只有一个小男孩屡战屡败，眼看就要失去信心了。这时，全班的小朋友依次来到他的身边，站成一圈将他围在中心，为他加油打气。接着，有如神助般，孩子漂亮地完成了跳跃，全场响起热烈的掌声……这段视频里，有一位没有露面却深深影响着孩子情商发展的好老师，他知道孩子不断面对挫折、失败时的内心感受、情绪和需要，并且有方法调动全班孩子一起来给予伙伴支持，而不是袖手旁观。

如果孩子们身边的成人情商比较高、懂得怎样更好地给予他人激励，孩子们就会潜移默化地学到更多的方法。每一个孩子都可以成为彼此抱持的力量，在这样的群体当中更好地发展。整个过程里，没有评判，没有中断，没有放弃，小朋友们彼此之间也没有嘲笑。这就是一种情商的重要训练。

仍然讲讲圆子的故事。1岁多学讲话的时候，她跟我玩过家家，端着一个小碗过来说："妈妈，你的塔。"我没有听明白，就猜："我的糖？"她摇头。我又猜："我的汤？"她还是摇头，我不知所措了。这个时候，小小的圆子开始说："妈妈，咖啡、塔、咖啡、塔！"我立刻明白，原来小家伙说的是"茶"。那个时候我很感动，觉得在她身上学到了更多。我看到小小的生命不仅没有因为妈妈无法立刻了解她表达的内容而着急，而且可以不断地尝试用妈妈能够理解的方式来启发和帮助妈妈。这就是情商，无论父母还是孩子，只要不着急、有耐心，都可以在不断的练习中提升自己。

还有一个小故事，发生在圆子4岁多的时候。她跟来自美国的小朋友一起玩儿。两个人在户外摘野花，摘着摘着，美国的小朋友不开心了，因为她发现圆子摘的比自己要多，于是把圆子摘的花都扔到了地上。圆子很难过，但难过了一下之后，自己突然想到了方法，说："这样吧！我们两个把摘的花全部放在一起，这样我们就同时都有很多的花了。"美国小朋友立刻变得开心起来，乖乖照做。那个时候，我很欣慰，因为在圆子身上看到了"双赢"地解决问题的能力。

到了晚餐时间，美国小朋友看到圆子用的筷子跟自己不一样时，又生气了。她一把夺过圆子的筷子扔到地上，圆子吓了一跳，很委屈地大哭起来。我赶紧把她抱进怀里，一边安慰一边说："妈妈知道圆子总是有很多的办法，你现在想到什么办法了吗？"圆子哭着说："妈妈，我这次真的没有办法了。"我的心一疼，意识到当下的处境已经超出孩子的能力范围了，不能再期望孩子自己解决了，大人一定要给予及时的回应和支持。同时，看到圆子向妈妈求助，我也深感欣慰，因为求助也是与安全感相关的重要能力之一。

安全感高且自信的孩子，懂得何时向人求助，能够坦然地呈现自己的需要和弱点，坦然请求支持。这也正是情商重要的组成部分。

作业

假设一个场景，你和孩子在国际航班上，因为长时间坐飞机，孩子有些累、有些烦。他突然想起自己心爱的玩具没有带，于是开始哭闹起来。这个时候，请大家写下两段对话，第一段对话用我们通常会使用的方法来虚拟一下，你和孩子之间会怎样互动、怎样交流，最后的结果又是什么。第二段话，用到同理心的五个步骤，看看结果会有什么不同？

（比如，我跟圆子经常会在没有带玩具、没有带食物，也没有带画笔的情况下就地取材。我们会找到飞机上的垃圾袋，用这个纸袋来做各种各样的造型。有一次，碰到一位非常高大的德国叔叔，身为企业高管的他有三个孩子。看上去似乎不擅长做细腻事情的他，居然也主动加入我们的垃圾袋游戏，用一个纸袋折出从大到小的青蛙一家，最小的青蛙大概一厘米不到的样子，我和圆子非常感动。）

心灵茶歇：妈妈们的作业分享

第一份

这种情形在我孩子身上是比较常见的，虽然不是在国际航班上，但孩子也会因为累、困或饿而闹脾气。

第一段对话是我通常使用的方式，我孩子平时最爱的玩具是毛绒小狗Jimmy，平时玩和睡觉都离不开它。就用这个来代替吧。

我：你看我们现在在飞机上，人这么多，你这样闹像什么话！别的乘客会说"哪来这样一个不乖的孩子，影响我们休息"。

孩子：我就是要我的jimmy。（哭得越来越大声，情绪也越来越激动。）

我：怎么这么不乖呢？（孩子闹得更凶了。）

第二段对话：

我：（看着孩子）你看看，我们这几天玩了好多地方，你玩得很开心，妈妈也很开心。这是我们第一次去这么远的地方，你能坚持这些天已经是很勇敢了。妈妈知道你有些累了，有些困了，是吗?

（孩子虽然还在哭闹，但声音明显小了许多。）

我：妈妈知道你现在很难受，也很想念Jimmy，不过我们很快就到家了,Jimmy在等着你。现在你靠在妈妈身上休息一会儿，说不定你醒来就能看到Jimmy了。

接着，我让孩子拿着另外一只玩具替代Jimmy，孩子慢慢在我身上安静下来了……

第二份

老师讲到的同理心内容其实并不陌生，我可能会说："心爱的玩具没有带，你很难过吧？妈妈也觉得很遗憾，可是怎么办呢？我们看看手头有什么玩具，或者到了目的地再买个新的玩具……"同时可能还要抱抱他之类。经过老师的提醒，我可能还会说："宝宝是不是有点儿累了？妈妈也有点累了，长途飞行确实不容易，要么站起来伸伸腰，走动一下，要么躺在妈妈怀里休息一会儿？"自己感觉，一般开始时我还能保持冷静，但如果没有效果，自己就会焦虑、不知所措，大声吵闹会影响其他人，我怕遭到别人的白眼。如果一直没有效果，我就会愤怒，就要吼，而这样的结果反倒可能使孩子更加吵闹。

第三份

常规对话——

妈妈：我们在飞机上，忘记带了，没有办法玩，回家再玩好不好？

女儿：我就要玩积木，我讨厌你，妈妈……

同理心对话——

妈妈：宝宝坐飞机太久，有点累了，是吗？

女儿：是的，而且很无聊，什么时候才能到呀？

妈妈：你觉得很无聊，很想玩你的积木，要是妈妈会魔法就好了，巴啦巴啦小魔仙，变！

女儿：什么也没有，因为你不是小仙女。

妈妈：谁能帮帮我们呢，看那边云朵中有个仙女。

女儿：真的吗？没有仙女，不过云朵好漂亮哦，和棉花糖一样。

　　妈妈：你很喜欢吃棉花糖，是吗？

　　女儿：是的，我还喜欢吃云朵面包，我饿了，要吃云朵面包，喵喵，好吃！

社会适应力是心理健康的重要标志之一

　　社会适应力，也是心理健康的重要指标之一，是指人为了在社会中更好地生存而进行的心理上、生理上以及行为上的各种适应性改变，以与社会达到和谐状态的一种能力。无论什么样性格的孩子，只要能够发展出良好的社会适应能力，都是健康的。

　　多数父母会关心孩子的内外向对其将来的影响，所以，我们就以"内外向"为线索来展开本章的分享。

　　和"情商"一样，"内向、外向"恐怕是大家最熟悉又最说不清道不明的心理学名词了。在开始专业的分享之前，我们先来想象一下，一个内向的人和一个外向的人，假如都患了感冒、喷嚏连天，他们打喷嚏的方式可能会有什么不同呢？

　　看起来是个玩笑，但在生活和文学作品中也有很多经典的案例存在。

契诃夫的小说《小公务员之死》里，记述了一个小公务员在剧院看戏时，不小心冲着一位将军的后背打了一个喷嚏。他诚惶诚恐，觉得自己冒犯了将军，于是三番五次向将军道歉，最后惹烦了将军，在遭到了将军的呵斥后，他竟然一命呜呼了。

看上去，这是只有小说里才会发生的事情，但其实在咨询时我也会遇到类似的情况。比如，有的来访者会告诉我，他在公众场合会因为自己突然肚子饿得咕咕叫而感到非常难堪，会因为自己有一个喷嚏要打而拼命忍，最后却因没有忍住而感到羞愧。抛开其他因素，只从性格来说，极度内向的人可能真的就像小说里所说的那样，一个喷嚏就能吓死自己。

如果内向和外向是性格的两极，那么，有没有极度外向的人呢？我们想象一个极度外向的人。回忆一下，我们的生活当中，尤其是学生时代，也许你会发现班里面总有那么一两个非常外向、很活泼很顽皮的同学——顽皮到极致的时候，甚至会惹人生厌。我曾经有一位同学，他的喷嚏打得非常"艺术"，可以打出十八般武艺来，每次都会有不一样的腔调、不一样的长短和不一样的表情。

最初，大家会哄堂大笑，他也因为一个喷嚏可以引发大家对自己的关注和互动，而觉得很有成就感，很享受，于是越演越夸张，直到大家开始厌烦。

所以，极度外向的人可能会因为一个喷嚏而"烦死"别人。

生活中，极度内向和极度外向的人几乎不存在，如果一定有，那他们恐怕会进精神病院。就像分析心理学家荣格所说，其实内向和外向是一条线段的两极，大部分人都处在两极当中的某一个点上：有的人会偏于内向，有的人会偏于外向。更形象的说法，叫作"内倾和外倾"。

一个喷嚏，内向的人由此引发的是对自己的想法和思考，而外向的人，则可能会把它变成下一个社交媒介，目标明显地指向外部而不是自己。

所以，内、外向是相对而言的，随着人格的不断成长和完善，我们可能会逐渐发展到当中的平衡状态。如果我们能够很好地洞察自己的个性在不同时间段里的表现，更好地了解自己，就可以放下对孩子太过内向或太过外向的担忧。这也正是我在"父母学点心理学"课程里，特别放入这个关键词的原因——太多的爸爸妈妈会因为担心孩子太内向、将来吃不开而来咨询。

我们可以按0~10分来给自己打分。0分代表着绝对的内向，10分是绝对外向。分数的高低不代表好坏，因为内、外向各有优势，关键是我们是不是足够了解自己和孩子。在了解的基础上提升其社会适应能力才是关键。

内向的人通常会让大家觉得更担心，不是因为他们的性格本身，而是担心他们跟这个看上去越来越外向的时代和社会格格不入，同时也担心他们会因为自己的内向失去原本可以得到的机会。我们把这个焦虑看得越清楚，就越能够客观地了解和帮助孩子。比如，对一个相对内向的孩子来讲，只要我们能够给予他更恰当的支持和提升，他将来获得成功的可能性往往会比外向的孩子还要大。

讲到恰当的支持，我们需要先从更专业的角度理解内、外向的真实区别。内向的人，其生命的能量、精力和时间分配更多地指向内部世界，他会在独处、思考的过程中获得满足；而外向的人，其能量、精力和时间分配则更多地指向外部世界，他喜欢群居、喜欢跟更多的人互动，在跟他人互动的过程中觉得自己获得了很大的愉悦。

所以，当你觉得自己的价值实现更多是取决于向内的探寻，而不是向外的呈现和表达的时候，心理学上会把你定义为一个内向的人。相反，如果你觉得你的价值是在不断跟外界互动，获得外界的积极认可、肯定，并且是在向外界展示自己的过程当中获得的，那你极有可能就是一个外向的人。

有相当一部分朋友会发现："原来我以为自己是很内向的人，没想到通过相对专业的评估之后，发现自己是外倾型——我愿意从跟外界的互动当中获得认可。只是我之前没有具体的方法，我需要被支持。同样，我们的孩子也是一样。"反过来也有类似的情况，有人以为自己很外向，可是常常在外部的活动当中得不到最大的满足，通过专业的了解之后发现，原来自己需要有独处的时间和空间，才能得到自我的实现。

和其他关键词的探讨一样，我们先要去标签化，无论是对自己还是对孩子，因为生命是流动和成长的，不能太快下结论。要想给予孩子支持，要想更好地理解内、外向的人，我们需要从理解自己开始。

内向的人往往比较深刻，而外向的人社交面更广；内向的人只有在自己的世界里才会觉得更自在、更充满活力，外向的人则相反。

如果我们能够学会跟有不同个性倾向的孩子和谐相处，我们就能更好地帮助他们发挥自己个性的优势。

让我们先来进一步了解自己吧!

内向型的父母，如果是在知识分子家庭中，他们会很重视阅读，会重视家庭独处，包括家庭当中个人的独处时间。通常整个家庭文化是更加安静的，妈妈在照顾孩子方面会相对更有耐心，尤其是孩子还在婴儿期的时候。不过，她们一方面可以表现出耐心，给予孩子时间上的陪伴，另一方面心里似乎总会冒出一个念头："什么时候我能一个人待一会儿啊？"——她需要一个独处的时间来恢复她的精力。

如果内向型的父母正好碰到一个外向型的孩子，会怎么样呢？毫无疑问，通常他们会觉得外向的孩子太吵闹了，让人受不了。他们不知道怎么去应对孩子永远释放不完的精力。而对过于内向的孩子，他们也可能会同样生气、担忧，会觉得："反正我就这样了，但如果我的孩子也那么内向，他跟外向的孩子比起来岂不是很容易吃亏？"

外向型的父母跟内向型的父母相比，他们所建立起的家庭文化常常是更为活跃和有更多社交内容的。他们可能会经常以聚会的方式来安排家庭的共同时间。外向型的妈妈跟内向型的妈妈相比，可能在照顾孩子上不会那么有耐心，她们心里经常会冒出的想法是："哎呀！我好久没出去玩了，真想出去玩儿啊！"

外向型的父母跟外向型的孩子更容易成为朋友，因为看上去他们都是"没心没肺"，事情过了就过了，有什么也可以直接表达。但是也有另外一种可能性，那就是：当双方都过于外向时，就有可能缺失更深入地了解彼此和互相交流的机会，有的时候常常会产生非常深的误解，错失家庭成员之间互相支持的好机会。

外向型的父母和内向型的孩子相处的时候，通常会犯一些小毛病。比如实在受不了孩子的慢吞吞、磨蹭，会忍不住要催促。外向型的父母很喜欢讲话，所以当内向型的孩子还在思考的时候，外向型的父母已经开始喋喋不休，甚至有了抱怨。这样一来，外向型的父母就容易打扰内向型的孩子，因为内向型的孩子需要更多独处的时间和独立思考的空间。

内向的孩子常常引发父母的担忧，但父母却不知道，内向的孩子其实有巨大的优势和潜力。2008年，华东师范大学出版社邀请我为一本译著《内向者优势》写推荐短序，我写道——

内向的人，你们有福了，因为这本书会带领你们重新认识自己的"内向"宝藏，帮助你们快乐积极地培育和发挥这份宝贵的天性。外向的人，你们也有福了，因为这本书会带领你们了解与自己不同类型的人，改善你们与他们的关系，无论他是你们的子女、员工、同事抑或伴侣；它还会帮助你们"打开一扇门，提供一种全新的方式来思考内倾并发展自我反思的能力"。

通过这个推荐序，我其实想告诉大家：个性特征没有绝对的好坏、对错，如果我们能自我了解，彼此也能更多地互相了解，我们就能找到自己成长的空间。

相对内向的成人或孩子，更想将注意力放在独处和自我内部空间上。当他们被迫要去参加一个群体活动的时候，内心会很不情愿，所以才百般拖延。了解了这一点，父母就可以运用同理心，在孩子的需要和社会的需要之间找到平衡点。

世界上很多领导者都是内向的人，而一些优秀的主持人和演艺人士，其实也都是偏内向的，只是因为工作需要而被训练出"职业外向"罢了。

下面这张表可以帮助大家更好地了解内向和外向的差异。

外倾型E	内倾型I
与他人相处精力充沛	独自待着，精力充沛
希望成为注意的焦点	避免成为注意的焦点
行动，之后思考	思考，之后行动
喜欢边想边说出声	在心中思考问题，不善于表露
易于"读"和了解，随意地分享个人信息	相对封闭，更愿意在精挑细选的小群体中分享个人的信息
说的比听的多	听的比说的多
高度热情地社交	不把热情表现出来
反应快，喜欢快节奏	仔细考虑后才有所反应，喜欢慢节奏
重于广度而不是深度	喜欢深度而不是广度

根据这些差异，我们先来看看如何帮助内向的孩子。

内向的或者相对内倾的孩子，常常容易被周围的人贴上一些标签，比如"害羞、慢热、很内向"。不经意间他们会感觉到自己好像不如别人，对自己的性格也开始有怀疑和不接纳。作为爸爸妈妈，我们要注意的第一点，就是拒绝别人给孩子贴标签。重要的是，要尽一切可能，先跟会给孩子贴标签的人进行沟通。比如老师，或某个活动的主持人，让他们先了解孩子的特点。可以告诉他们：孩子的一个特点就是在所有的活动中他会先观察，而且他喜欢自己做决定，而不是被别人安排，所以请给他一些时间；他也不是害羞，只是现在不想说话而已。

第二点要注意的是，一定要记得给予孩子他所需要的独处空间。比如，在一个群体活动中，当孩子突然情绪很低落、呆滞，或者相反，显得非常烦躁、不安的时候，很有可能这样一种过强的刺激已经超出了他的承受范围，我们就需要带他暂时离开这样一种过于热闹、外向的环境。

第三点，内向型的孩子可能不会像外向型的孩子一样总是开口表达。他会希望自己多思考，也许深思熟虑之后才会讲。所以他要讲的时候，已经是非常宝贵的时刻了。爸爸妈妈一定要记得别催促他表达，当孩子还没有准备好要开口讲的时候，我们给他时间，告诉他说："真好，你在认真地思考，等一下你可以告诉爸爸妈妈或者老师。"当他讲的时候，不打断，也不更多地追问。内向的人最怕别人问得太多，问得多了他会觉得很烦、很累。

第四点，内向的孩子跟内向的成人一样，他们在跟人交往的时候也许不会像外向的人那样广交朋友。他们擅长的是找到一两个兴趣相投的朋友深交。所以，帮助孩子建立一些值得深交的安全小群体，好过快速地把他推到一个有很多人的、广泛的群体交往当中去。

第五点，内向型的孩子，比外向的孩子更善于倾听。当他专注倾听的时候，不要打扰他，这本身就是他的优势。当我们带孩子参加一个活动时，如果在场的小朋友都很兴奋，要允许我们的孩子做"高冷族"，他不需要兴奋，他在观察，也在以他的方式感受。不强迫自己的孩子跟别的孩子有同样的表现，就是爸爸妈妈给予孩子最好的支持。

第六点，内向型的孩子更善于思考，所以如果爸爸妈妈能够更多地去赞赏孩子独立思考的能力，孩子也会变得越来越接纳自己的个性特征。他可能不一定那么有行动力，也不会活泼地去表现自己，可是一旦他独立思考之后再来表达，往往会语惊四座。我们越能够赞赏和接纳，孩子将来对自己也就会越有自信。

第七点，内向型的人跟外向型的人比起来，在外部世界和知识的探索上，对深度的需求比对广度的需求要更强烈。所以，他们也更擅长在某一个领域深挖下去。在某一个他感兴趣的领域，我们可以尝试给予孩子深度探索的支持。比如，有一位妈妈，她的孩子很喜欢机器人，她就会找一切机会带孩子参与跟机器人相关的活动，看机器人的书籍，了解和研究与机器人相关的最前沿的成果。

对于相对外向的孩子来讲，他们又需要怎样的支持呢？

外向型的孩子跟内向型的孩子比起来，往往在短时间内就很容易获得外部的关注、喜爱和赞赏，所以也常常会发展出有时候让爸爸妈妈头疼的问题：可能常常会这个地方惹一点儿事，那个地方闯一点儿祸。爸爸妈妈要做好这样的心理准备：用健康的、有支持性的方法协助孩子收拾残局。在"林紫心理堂"的读书栏目里，我曾经分享过一位美国爸爸的做法，大家可以找来听听。

外向型的孩子，其能量是指向外部的，所以，他总希望通过与外界的互动来获得满足。那么，爸爸妈妈要做的一项重要功课就是，协助孩子建立良好的人我界限。

外向型的孩子很喜欢表达他在想什么，我们一方面要给予孩子表达的空间，一方面也要尝试去帮助孩子逐渐学会倾听对方，听听别人怎么讲。

相比内向的孩子来讲，外向型的孩子可能更需要一场热闹的聚会，好让他感觉开心。比如，同样是生日派对，内向型的孩子邀请了三个很要好的小朋友，也许他就会觉得很幸福；而外向型的孩子，他需要的是二三十个，甚至更多一些。要注意的是，在给孩子一个相对适度的、健康的、热闹的和广泛的聚会的同时，我们也要尝试帮助孩子学会每天找一个虽短暂但属于他自己的安静时间，让他慢慢地拥有一定的独处能力。

外向型的孩子通常看上去博学多才，似乎每一个领域他都可以侃侃而谈，从优势上来讲，这是非常好的，可以做广度的培养。父母可以让孩子接触更多的信息，开阔他的视野；但同时，尤其是当孩子慢慢地进入小学、中学阶段的时候，也要有针对性地培养孩子在某一个领域里相对的专注力。

还要注意的是，外向型的孩子因为随时随地都希望跟外界有互动，所以，即使他必须要独立完成一件事，你也应尽量让孩子感觉到大人的存在、陪伴以及跟他的互动。

对孩子来说，因为他们还处于成长的最初阶段，所以，我们可以只描述现象或者行为本身，而不去给孩子片面定性。比如说，当孩子在某个活动里选择先做观察者的时候，我们就只描述说：孩子要有一个独立的观察空间。你知道那只是内向型的一个表现，这个表现并不会导致你立刻认定孩子是一个内向的人。

随着孩子慢慢成长，某种性格特征的倾向可能会越来越明显。在以往的咨询中，在我们日常的家庭教育交流里，爸爸妈妈更关心怎样能让内向的孩子更活泼、更外向一点儿。而我更想要让大家了解：支持内向孩子的优势发展和个性成长，比改变他们更现实，也更重要。给大家几个小贴士，看一看对于内向的孩子，他们的内心世界所需要的真实回应是什么。

第一个小贴士：每天给孩子一段适度的个人时间，可以很好地帮助他们集中精力。即使是五六岁的孩子，如果他有自己的房间，爸爸妈妈要进入的时候也要记得敲门，问一问"我可以进来吗"。如果孩子想要独处，并且房间也很安全，不妨跟他约定好："好的，宝贝！你需要两分钟的时间独处，对吗？"

第二个小贴士：如果孩子在活动中想要参与又不知道怎么参与，我们可以给予一些支持。首先，可以跟孩子说："宝贝你可以先在旁边看一会儿。"接着可以说："那个小朋友好像有点眼熟，他像谁？"或者问："你喜欢哪个小朋友啊？""你觉得你更想跟谁讲话呀？"——让他去关注其中一个人，而这个人是他愿意接近的。然后，可以进一步鼓励孩子跟活动中的某一个孩子有眼神交流，或者微笑，然后尝试使对方也注意到自己，互相走近。下一步，我们可以问一问："这个游戏怎么玩呀？"慢慢地，孩子就自然地参与进去了。这样的处理，比我们快速地把孩子推进一个已经很活跃的群体中去要好得多，对于内向的孩子来讲，这会让他感觉到更大的支持，而不是压力。

第三个小贴士：当你感觉孩子封闭在自我的空间里，你很想了解他，想打破他的沉默，不想让他慢吞吞，或者因为你不了解他、你自己感到很恐惧时，尝试问一问："妈妈想知道，这个时候你需要妈妈为你做点什么吗？"这样可以启发孩子由内而外地表达自己。而表达自己的需要，也是内向的孩子逐渐敞开自己心扉的一个很重要的通道。

第四个小贴士：相对内向的孩子，当他们突然成为关注的焦点时，身心都会产生比较强的应激反应，他会觉得很有压力。这种压力可能会表现为不配合、烦躁或者过度兴奋。这时候，爸爸妈妈需要轻轻地走到孩子身边，拍拍他的背说："好的，宝贝稍微安静一会儿，可以做个深呼吸。"只要这么做，孩子就能慢慢地平静下来。如果这个时候否定和训斥他"不可以这样，你怎么这样啊"，或者说"你看你人来疯啊"的话，孩子的压力就得不到缓解，以后也会越发不知所措。

最后一个小贴士：运动跟性格的养成有很大的关联。无论内向还是外向的孩子，在不同年龄阶段里，选择一些适合他们的运动，对孩子的性格塑造会很有帮助。对于内向的孩子，早期我们可以选择独立完成的运动，然后慢慢地将他们带入一些需要团队合作的运动中。

让我们用萨提亚女士的话来结束本章节的分享："人们因为相似而有所联结，因为相异而有所成长。"

作业

1. 请观察一下自己和孩子，平时你们分别是如何来恢复精力的？觉得累的时候，你是想要赶紧见见朋友、大吃一顿、热闹一下才会放松，还是觉得好想一个人待一会儿？

2. 目前你所观察到的孩子性格当中的优势是什么？孩子可能需要的支持又是什么？

心灵茶歇：妈妈们的作业分享

第一份

1. 当我觉得累了的时候，我就想一个人待着，做点儿喜欢的事情。因为我是内向型性格，如果要我参加朋友的活动，我会更累，疲于应付，因为累了就不想说话了。而我孩子累了的时候，她还不能做到马上安静下来，而是通过一些反常行为和哭闹行为表达。因此我要花很大的精力哄她，让她安静下来。

2. 孩子性格当中的优势是善于表达情感，活泼且敏感。我觉得孩子最需要的支持，其实来自一个能好好照顾自己的妈妈，即我自己。写这个作业的我两天前刚刚发生了一次意外，骑车摔伤，之后的10个小时都是处于失忆和昏迷状态，还好只有外伤。这次意外，也让家人和孩子担心，让我觉得，一个能够好好爱自己、照顾好自己的妈妈，对于孩子来说才是最重要的。

第二份

这是一堂"及时雨"的课程，听课的时候正巧我自己也感觉上一周活动太丰富，跟自己说要在家多休息休息。本来还在纳闷儿："丰富的活动不也是我想要的吗？怎么太多了会觉得累，想自己独处一会儿呢？"碰巧就听到了这次课，原来是我的内倾性在发声。说到孩子的精力恢复方式，我忽然想到孩子上篮球课时，遇到他做不来的动作，或是课程进行过半后，他会一个人在边上玩。之前我是不理解的，但这是不是他恢复精力的一种方式呢？还要再观察观察吧。

我儿子目前基本上是属于外倾型的，就像林紫老师所说的，学校老师"投诉"他最多的就是缺少倾听、好动，但他的优势也在于此：爱表达，既有语言上的，也有行动上的"抱抱"，活泼开朗，声音洪亮。我们对他的支持就是会让同学、朋友带着孩子到家里来做客。当然这不单是孩子的需要，看他每次玩得好开心，我也觉得有种喜悦感。我们再生二宝的话，这算不算支持呢？另外，随着孩子的成长，我发现他现在独自玩的时间在延长，而且很专注，通过这堂课，我知道了他的内倾性和外倾性正在平衡发展，很欣慰。

第三份

我觉得特别累的时候，好想一个人待会儿，

做些自己想做的事情，比如看看书，上上网。因为我的妈妈是控制型的，所以当我有情绪的时候，我更想自己在一个房间待着，我觉得那才是我能完全控制且最安全的地方。我不会去和朋友在一起，那样我会觉得不安全，不能融入他们，每次聚会我都是个旁观者。

我觉得我儿子是个暖男，特别体贴，特别会照顾人。孩子需要的支持我觉得其实是我更需要的支持：应该如何健康地发泄情绪。我不知道该如何发泄情绪，难受时会默默地难受，钻牛角尖，不会排解，只能默默流泪，都不敢哭出声来……通过对自己的了解，以后我会更有意识地照顾好自己，学习情绪管理，这样才能更好地支持孩子。

有归属感的孩子不抑郁

"人们因为相似而有所联结，因为相异而有所成长"，这句话里面隐含了我们的第九个关键词：归属感。

心理老师在带领团体心理活动时，通常会带大家玩

"大风吹"的游戏。"西伯利亚的大风吹啊吹，吹到穿黑皮鞋的同学，吹到长头发的朋友，吹到戴眼镜的人……"这样一个看上去有一点孩子气的游戏，往往能够帮助各个年龄段的人快速放松下来，在很短的时间里找到彼此的相似性，产生联结，继而建立起一个安全的团体。人们感到安全，是因为归属感逐渐增强。

归属感是心理健康与否的重要指标。缺乏归属感的人，罹患各种心理疾病尤其是抑郁症的风险会更高。如果父母早一些了解它的重要性，那么孩子的心理健康基础就会更牢固。

将归属感列入十个心理关键词当中，除了专业研究成果的警示外，更多的考量是来自我20多年心理工作的观察和诸多令人心痛的案例。

在前面的章节里，我提到过两个近乎完美的女孩，她们在幼儿园阶段就开始寄宿。在别人眼里，她们是那么优秀，那么独立，看上去无所不能，人们甚至会觉得她们像男孩一样性格很开朗，不可能有抑郁的倾向。可结果是，她们都在非常美好的年华里选择了结束生命。

其中一个女孩郭衡，在离开这个世界之前留下了一段话，她提到自己成长的心路历程，提到自己很渴望有朋友、想要融入群体，可是心里却始终觉得自己跟周围是格格不入的。

这样的格格不入，其实就是归属感和安全感的缺乏。对于一个孩子来讲，归属感、安全感最早的建立恰恰是在家庭当中，是在跟父母的互动里，过早的寄宿往往会严重伤害孩子的心理健康。

除了这样的极端案例以外，还有贫困学子现象。

有很多家境贫困的孩子，他们非常努力，很希望通过自己的努力来改变家庭的命运，改变他人对自己的看法，希望能够在群体当中找到价值感、归属感，被接纳、被认同。

他们当中有相当一部分孩子在学业上确实表现非常优异，然而随着年龄慢慢增长，尤其是将要步入社会的前后，有些人往往会出现一系列的行为和心理上的问题，也会出现比较极端的伤害自己或者伤害他人的事件。除了性格、社会支持系统以及其他方面的原因，还有一个最重要的原因就是缺乏归属感。这样的孩子，他们在不断努力的过程当中，始终会觉得自己跟他人是不同的，他们没有办法与其他人找到更深刻的相似性或者联结，于是越发地觉得自己孤独。当他觉得这个世界上没有一个人、一个群体能够让他产生归属感的时候，就会产生离开这个世界或者伤害报复他人的想法。

我接触的抑郁症来访者，90%以上都是源于归属感的极度欠缺。这一点也正好印证了美国密歇根大学的一项研究。他们选出31名重度抑郁症患者和379名学生做了一个调研，调研的结果发现：归属感是预测一个人未来是否可能产生抑郁症或者抑郁倾向的最好指标。

那么究竟什么是归属感呢？有一部日本卡通片，名字就叫《归属感》。影片的背景是学校要组织一个艺术节活动，同学们都非常踊跃，想了各种方法，希望自己的班级能够胜出。同学们都在积极准备的时候，女班长却显得无事可做，郁郁寡欢。当同学们需要她去做事时，她也只是简单的一个吩咐，没有其他交流。接着，班级里面发生了争执，对于怎么布置教室大家与班长有了不同的看法。看上去班长是在坚持原则，可是她好像很难跟同学们更好地沟通，似乎是同学们在排斥她，甚至是在欺负她。可是事实上，她的一段内心独白说："我虽然跟妈妈搬来，但是我没有存在感，觉得我自己不属于这里。我初中的时候也会因为文化节、体育节感到兴高采烈的，可是不知道为什么，自从父母离婚，我的心情就成这样了。我始终不觉得我自己跟大家是在一起的。"

这是从孩子的角度对归属感进行的最好的诠释之一。当家庭发生变故，或是搬离原来所居住的环境时，父母更需要好好地关注孩子内心的感受。因为对孩子来讲，比布置一个温暖、漂亮的房子更重要的，是他们内心想要获得支持。如果缺乏支持，孩子就会失去归属感。

归属感，是一个人跟群体之间的认同与被认同、接纳与被接纳以及联结的感觉。在大家熟悉的马斯洛的需要层次论当中，归属与爱的需要被放在很高的位置，这也恰恰是一个人的人生发展、人格建立及未来的社会适应必不可缺的一个环节。

归属感就像安全感一样，我们也许会常常提到它，但是从来没有去仔细思考过它到底是什么。知乎网站上有一些关于归属感的讨论，大家以调侃或辛酸的方式纷纷描述自己的经历。有一位白领说："我在北京的时候，房子虽然很小，可是我会买各种各样的家具、家电把它塞得满满的，因为我觉得我会一直在这里住下去。后来到了深圳，房子大了，可是空荡荡的，我什么都不想买。因为我每天想的都是'我不属于这里，我总有一天要离开'。"

另外一位朋友说，她的归属感就是每次一进家门家里Wi-Fi就自动连接的感觉，觉得"这就是我的地盘"。

有一位学生提到了他自己的一段转学经历。他说他转到了一所更好的学校，老师和同学们对他也很好，可他就是觉得自己不属于这里。后来他想明白了，那是因为跟这些彼此已经联结成为群体的同学比起来，他缺少与他们一起的共同记忆，所以无法产生归属感……

也有人说，自己这一辈子从来没有过任何归属感。

静下来仔细思考这个话题的时候，我们自己内心的答案又会是什么呢？如果我们要给孩子的归属感打打分，你猜猜他可能会在家庭、幼儿园、学校小朋友的群体里面找到类似"Wi-Fi自动连接"这样的归属感吗？

我小时候非常喜欢《三只小熊》的故事，每当听到故事当中的任何一句话，我都会会心一笑。因为爸爸、妈妈和小熊宝宝，他们总是说着同样的话、睡着同样风格的床，有着同样风格的碗。他们的言行举止、墙上的照片也都有着很多的相似性和亲密感——"家"的感觉浓浓地呈现出来。向小熊家族学习吧，如果我们想让宝宝在早期就能够对家庭产生良好的归属感，也可以尝试从特定符号和特别仪式的运用上着手。

比如，像三只小熊一样，家庭成员一起保持一个健康的、良好的、有趣的共同习惯，或者培养一个共同的爱好，这会让孩子感觉到强烈的联结感和归属感。我和圆子很喜欢穿亲子装，就是这个原因。

再比如说，设计一些有趣的甚至是搞笑的标志性动作，让它成为家庭成员之间的默契，这也会让孩子在家庭的关系里产生稳固的归属感。这一点其实在企业里、团队当中也同样适用。林紫团队就有一个标志性动作——"林紫花开"，因为我们的理念是"专业与爱，让每个生命都如花开放"。每一次拍集体照或者集体出游的时候，大家一旦做了又萌又简单的花开动作，就会一起会心一笑。

这些小技巧，就像"大风吹"的游戏一样，可以在不经意间帮助我们彼此快速形成更深入的联结。

如果早期的内在安全感和归属感建立完好，孩子就会非常自豪和骄傲地说："我是这个家庭当中的一员，我和爸爸妈妈一样，我有我自己的贡献，我们有我们自己的特点和符号，我有我的价值，我很可爱。"基础打好了，他在未来经历一些特殊考验时，就可以有更多的资源来滋养自己。

群体当中的身份认同感，是归属感建立的非常重要的部分。有了身份的认同，作为群体当中的一员就会觉得自己很开心，很舒适，也很骄傲，接着就会产生比较强烈的情感关联，觉得自己很喜欢跟这个群体待在一起。再向前发展，就会有价值的肯定，觉得这是一个很棒的群体——无论这个群体是家庭还是幼儿园或者学校。同时，也会觉得自己的价值和成就感可以在这个群体当中自如地展现，并且能够在群体当中获得想要的资源支持。

孩子的成长，会经历几个归属感敏感期。

首先来看第一个环节：进入幼儿园前后，会产生归属感的需求。很多父母知道孩子此时会产生分离焦虑，而缓解分离焦虑的任务之一，就是在完全陌生的环境和群体里去重建归属感。

我们先从身份认同的角度来切入，看看在孩子准备进入幼儿园或小学时，我们怎样帮助他们更快地在群体当中找到身份上的认同。有很多妈妈做得很好，他们会提前至少半年的时间帮助孩子了解幼儿园的生活会是怎样的，或者进入小学会有什么不同。

这种了解和介绍，不是片面的说教，不是简单、生硬的描述，而是通过故事，通过观察以及跟幼儿园或小学的小朋友的互动，甚至参与到一些游戏中来完成的，以便让孩子有直观的、感性的了解。

同时，爸爸妈妈会在身份认同这个环节里，着力培养孩子成为一个幼儿园小朋友或一个小学生的自豪感，让孩子觉得未来的变化将是一个很值得期待的、很有趣的、有价值的改变。

上面两个部分可以帮助孩子在未来新的成长阶段和环境当中找到更清晰的身份认同。可是光有这两个部分还不够，因为新的环境会带来很多未知的、不确定的、孩子没有经验的挑战。作为爸爸妈妈，还需要在未来挑战的应对上下一些功夫。

所以，在循序渐进地完成了上面两个部分的工作后，孩子开始迫不及待地问"什么时候可以去幼儿园、什么时候上小学"了，开始有了强烈的期待和向往的时候，我们就可以增加一点点关于挑战、挫折和困难的描述与模拟体验。

这样的描述和体验，能够帮助孩子在向往之余做好足够的心理准备，知道未来会有一些不一样的事情发生。比如说，上了幼儿园，会认识新的朋友、新的老师"妈妈"；可是同时，就不会每时每刻都跟爸爸妈妈待在一起。接着要肯定地告诉孩子：他会在什么时间又见到妈妈；如果在幼儿园里突然想起家里的某个小玩具，也可以在放学以后回家拿到。

做了这些描述后，你一定要观察是不是吓到了孩子。如果我们的描述是正向的，孩子会很好奇幼儿园或小学到底是怎样的，也会想知道自己该怎么办。这个时候，我们就可以用游戏和角色扮演的方式来演练一番，比如说，宝宝演妈妈，妈妈演刚刚进入幼儿园的宝宝。

假如你们已经选定了幼儿园，而且已经得知可能会进入的班级和老师的名称，家庭游戏里还可以加入这些现实的元素。可以跟孩子一起做自我介绍的游戏，让孩子学会说："我是××幼儿园××班的，我的大名是××，我的老师叫××。"

当孩子能够越来越清晰地对自己在新的环境、新的群体当中的身份有了了解和认同时，他进入这个群体后的不安，就会相对减少。

我们再来看第二个环节——情感的联结。有了身份的认同，接下来孩子要去面对的第二关，就是怎样跟陌生的老师、小朋友建立起亲密的关系。爸爸妈妈可以安排一些必要的参观，让孩子接触到园长"妈妈"、老师"妈妈"，同时还可以跟她们有肢体接触。

除了这些，幼儿园还可以用孩子们喜欢的一些小奖品、小礼物来帮助孩子觉得"这个群体真的很有趣，很了解我"。比如，给我印象非常深刻的是，圆子入幼儿园前，老师安排了一次家访，家访的时候老师就带着贴纸。那个年龄段的孩子恰恰对贴纸非常感兴趣，而贴纸上又有幼儿园的标志。这样，孩子就会觉得自己与幼儿园的距离近了，情感上有了更多的联系。

幼升小、小升初的孩子，心理需求会不同，我们所运用的语言、方法也会有差异，可是方向一定是一致的，那就是：帮助孩子更好地建立情感的联结，同时教会他们一些人际交往的技巧。

再来谈第三个环节——价值的肯定。要想帮助孩子在一个新的群体慢慢找到自我的价值，并且能够因为价值的体现而产生成就感，进而对群体有更深的归属感，可以根据孩子的特点，培养他／她掌握一个小技能或一种特长。孩子进入群体之前，可以先跟这个群体里的老师或者小朋友的家长做一些简单的交流。

曾经有一个小女孩，个性跟一般的孩子有很大的不同，似乎很难跟同龄小朋友平和地相处。最初，她的妈妈很苦恼，每次去其他小朋友家时，主人也常常会皱皱眉头，表现出对这个孩子的不欢迎。妈妈觉得很挫败。孩子进了幼儿园之后，也出现了同样的困难，小朋友不愿跟她玩，老师对她不够了解，她变得越来越孤僻，经常会无缘无故地大发脾气，不愿意去幼儿园。

我在跟这个孩子单独相处的过程中，发现她跟别的孩子确实有很多的不一样，而其中的一个"不一样"，其实是她的优势所在。比如，她到家里来，不会像别的孩子那样乖巧地坐好或者趴在地上玩。她会问："阿姨，我可以蹲在沙发上吗？"我就说"可以呀"。当她蹲在沙发上的时候，我看到的是一只非常可爱的"小动物"。

接着我们玩绘画的游戏。很快我发现这个孩子画动物惟妙惟肖，非常逼真，于是就理解了她蹲在沙发上的样子。我对她妈妈说，她的身体里就住着这些小动物，她只不过是通过身体呈现出来而已，而这个不是通过后天的训练可以做到的，这就是她的优势所在。

接下来我跟这位妈妈沟通，指导她帮助孩子在群体里展示她自己的特长。通过跟老师沟通，让老师了解她的特长，让她有机会为班级做一些贡献，比如画一幅画来美化环境。小朋友们慢慢对她有了不同的看法，孩子终于慢慢放松下来，爱上了幼儿园。

通过小女孩的故事，我们已经讲到了第四个环节——资源支持。一个能够使人产生归属感的群体，往往能够提供足够多的滋养和资源来帮助一个个体成长和面对挑战。所以，在孩子入园、入学或者转学等特殊变化时期，我们可以尝试帮助孩子多参与目标群体的活动，多组织一些周末聚会。通过一些创造性的游戏，使孩子在游戏过程当中感觉到这个群体可以给予自己怎样的支持。

同时也可以玩一玩"我欣赏"的游戏，这是我和圆子经常会玩的游戏。我会说："我欣赏小方……"圆子也会跟我说："我欣赏小胖……"这样不断去描述的时候，她会发现，原来每个小朋友身上都有着自己喜欢的一些特点，于是她也更愿意去亲近他们了。

当孩子了解到群体中大家有不同的性格、不同的能力，而这些不同组合在一起，恰恰就可以进行一些一个人玩不了的游戏时，孩子也会觉得在群体当中更加放松，更愿意参与到这个群体中去。

如果在成长的早期，孩子就经历过这样系统和完善的训练与支持，那么他们在人生发展的未来阶段里，也会有意无意地尝试用同样健康和良好的方法帮助自己不断地去完善归属感。

我们再来看看孩子们可能会经历的第二种变化：转学。说起转学的过程，大人们会觉得："不是很简单吗？

你又不用担心其他的事情。所有的事爸爸妈妈都替你安排好了，而且你看，我们给予你的是更好的环境。你应该高兴才对。"如果我们只是这么想，就是没有站在孩子的角度看问题。

曾经让一代中国影迷深爱的日本"硬汉"高仓健先生，因为第二次世界大战时期日本政府进行人口疏散，小学四年级的时候转学去了一个偏远的地方。看起来没什么大事发生，可是妈妈发现，小高仓健每天回家袖口都是脏兮兮的。妈妈非常生气，总是用力把袖口洗干净，而高仓健在他的散文里回忆道："当母亲把我的校服洗干净时，我就很生气。"

猜猜看，妈妈这个再平凡不过的举动，为什么会让孩子在许多年之后还记得自己当时"很生气"呢？答案也许会让你大吃一惊，原因是："我是从其他地方转来的，所以经常被人欺负。后来我看到周围同学穿的校服的袖口，因为经常用来擦鼻涕，总是发亮。我想成为大家的伙伴，就也把校服的袖口弄得发亮……"

小小少年渴望在新的群体里建立归属感，于是尽自己最大的努力来想办法。可是妈妈忽略了转学对他的影响，自然无法理解他的举动。所以，高仓健的回忆录里写着：

我的一生，母亲很少夸奖过我……母亲的教育是"斯巴达"式的。

妈妈，我期望得到你的夸奖，就是为了这个，我背着你讨厌的刺青，污血溅身；去那遥远的夕张煤矿，拍摄《幸福的黄手帕》；在冰天雪地里拍摄《八甲田山》，去北极、南极、阿拉斯加、非洲，奋力冲了三十多年。

高仓健很爱自己的母亲，相比之下，对父亲的记忆却似乎柔软很多。他写道：

伯父没有儿子，但非常喜欢我，就向父亲提出了收养的请求。父亲为此和伯父吵架，那时我十一二岁。我偷听到两人的吵架，从心里感受到了父亲对儿子的真情。

而当高仓健的哥哥离家当兵的时候，他看到了父亲唯一一次流泪，"站台上有很多人，父亲抱着肩膀站在那里一言不发。哥哥从车窗探出身来，父亲看着他的脸，眼里闪烁着泪光，就好像是生离死别一样。父亲的眼泪消除了我对他的反感和隔阂"。

借着高仓健的故事，也许你可以回忆起我们在前面的章节里提到的"情绪性记忆",以及父母示弱和表达真实情绪对孩子的重要影响。转学的插曲则能帮助我们更好地觉察和反省:假如孩子正在经历生活的转变,请不要忽略他们的微妙变化和特殊举动背后所隐含的强烈心理需要。

即使是转到一所更好的学校,我们也要了解:在归属感建立的层面上,我们能够为孩子做些什么。

最后要讲到的一个变故是:离婚。

20多年前有一部电视剧《孽债》,最近它又被重新提起。这部电视剧的主题歌里唱道:"爸爸一个家,妈妈一个家,剩下我自己,好像是多余的……"

很多面临"父母离异"这种家庭变故的孩子,内心都经历着同样的煎熬。其实对孩子来说,比离婚更大的伤害是父母没有妥善地处理危机,尤其是他们没有帮助孩子去应对和适应这个变故。假如说在家庭关系发生变化的同时,孩子仍然可以感觉到跟家庭、跟爸爸和妈妈之间的情感联结不变、身份认同不变,无论是在爸爸还是妈妈的新家里,自己的自我价值永远都是被认可和接纳的,那么孩子内心的缺失感会逐渐得到平复。

如果处理得当,无论是在爸爸那里还是妈妈那里,孩子会觉得自己能够得到双倍的滋养。虽然爸爸和妈妈的关系改变了，可是爸爸妈妈跟他的关系并没有改变；虽然居住的方式有所不同，但他也可以在这个不同当中找到新的乐趣。

特别要注意的，就是这首歌里唱到的"剩下我自己，好像是多余的"。有时候父母最后并没有离婚，可是在相处的过程当中，因为彼此的关系紧张，情绪张力很大，甚至大到忘记了孩子的存在。当两个人把所有力量都放到彼此的对抗和冲突上时，孩子内心的感受跟这首歌所唱的是一样的。所以，在有各种变故的时候，如果想让孩子的归属感能平稳建立和过渡，可以通过家庭会议、家庭出游，让孩子定期跟爸爸或者妈妈相处，以此来消除他／她的"多余"感。无论父母是否离婚，都可以有家庭时间。所有这些规则的建立，能够慢慢地帮助孩子找到新的身份认同，那就是：虽然我的爸爸妈妈现在没有住在一起，他们的婚姻结束了，可是，我对他们来讲仍然是最重要的，我还是有价值的，我和爸爸、妈妈的亲子关系永远都不会改变。

作业

1. 问问自己：我在哪个群体当中感觉最放松，最能够感受到被认同和被接纳，而且觉得自己最有创造力？

2. 观察一下孩子：他在哪个群体当中是最放松、最舒服、最愉悦的？在哪个群体里他经常会有一些小的创造，经常会有让人惊喜之举？

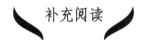

补充阅读

帮助孩子面对离婚的英文绘本

《IT'S NOT YOUR FAULT, KOKO BEAR》

《AT DADDY'S ON SATURDAYS》

《WAS IT THE CHOCOLATE PUDDING?》

《DINOSAURS DIVORCE》

《TWO HOMES》

《MAMA AND DADDY BEAR'S DIVORCE》

心理弹性帮助孩子应对危机，直面人生的不确定性

心理弹性，在台湾叫作"复原力"，在香港叫作"抗逆力"。

　　心理弹性的研究开始于40多年前，现在它已经成为心理学领域，尤其是儿童青少年的心理健康研究领域里最热门的课题之一。

　　最初，心理学家是希望研究在父母有异常心理或者精神状况不佳的家庭当中，孩子的发展情况是否也会异常。结果发现，即使父母精神异常，也有相当一部分孩子能够健康成长，不被外界的困难、挫折和压力所影响。而且通过进一步研究，心理学家发现这些健康的孩子都有良好的复原力，在面对挫折时，可以通过自身具备的力量来恢复，回到正常状态。

　　比如，同样经历了大地震，大部分人可以逐渐自我恢复，找到面对未来生活的力量。也有一部分人需要相当长的时间慢慢恢复，甚至需要专业的治疗和持久的支持。同样的经历、同样的处境之下，不同个体对于外界压力的反应会有所不同，这在某种程度上取决于我们所谈到的心理弹性的大小。

　　心理弹性既存在先天生物特质的差异，也受到后天环境、教育与训练的影响，是一个人从消极经历中恢复过来，并且灵活适应外界多变环境，应对压力、挫折和创伤等消极生活事件的能力。

回到日常生活当中来看，我们可以从三个方面给自己的心理弹性打打分。

第一个方面，看看自己有效处理紧张和压力、适应日常挑战的能力是怎样的。

第二个方面，评估一下自己从失望困境或者创伤当中复原，发展出比较明确、切合实际的目标，并且能够解决问题的能力又是怎样的。

第三个方面，评估一下自己跟别人和谐相处、尊重自己和他人的能力。

我们仍然用0~10分的打分方式，0分代表没有，而10分是你很满意，已经到达很高的状态。

通常情况下，如果爸爸妈妈在这三个方面的自我评估都能达到7~8分及以上，那孩子也常常能够获得较好的心理弹性提升的支持。相反，如果我们给自己的评估在6分以下甚至低于5分的话，那么我们首先要从调整自己的心理弹性开始。

这三种能力，从哪里来呢？我们将其简单归纳为：来自外在的保护因子和内在的保护因子。

对心理弹性的提升有帮助的外在因素包括家庭、学校、社区、同伴等。这些因素同样与归属感的建立息息相关。这些支持系统的完善，可以帮助孩子更好地面对不确定性和挫折，在他们有需要的时候提供足够的资源。

外在因素对孩子的心理弹性有帮助的第二个部分，在于有积极的信任和期望，比如有人能经常跟孩子交流，并且能用直接或者间接的方法让孩子了解他是被认可、被信任的，知道他未来在某一个方面能够获得成功，成为他想要成为的人。

第三个方面，也是我们谈归属感的时候提到的。假如在与家庭、学校、社区和同伴等互动的过程当中，孩子能够有更多的参与，在团体当中承担一定的责任并做出贡献，从而感觉到自己的价值，这对孩子心理弹性的养成也有极大的帮助。

如果上面谈到的这几个部分都是比较完整的，能够给予孩子积极的支持和滋养，那么即使面对较大的灾难、变故或创伤事件，孩子仍然能够保持良好的复原力。相反，如果这几个方面严重匮乏，即使面对的打击和挫折并不大，孩子也可能会出现较大的心理危机。

就像探讨其他关键词时我们所列举的案例一样，爸爸妈妈常常因为不了解，所以背道而驰：本来是希望帮助孩子形成更加坚强的品格、能够更好地应对挑战和挫折，然而，所用的方法却往往是在打击孩子，破坏他们成长所需的心灵养分。

再来看对于孩子的心理弹性养成至关重要的内在保护因子。

首先，评估一下孩子的社会胜任力，比如是否可以友好地跟别人交流、合作，是否可以很好地去理解他人，是否有同理心，并且能够解决问题。

其次，评估孩子的自尊和自主状况，也就是我们之前谈到的自我认同、效能感和自信心的养成等。

再次，评估孩子是否有明确的目标感和意义感，是否相信自己跟别人有一致的地方，自己也有独特价值。

跟外在的因素一样，如果我们了解到这些内在因素对于孩子心理弹性养成的重要性，也同样可以逐步有意识地帮助孩子在这几个方面有所提升。

回忆一下自己平时跟孩子是如何互动的。比如说，孩子今天很沮丧，他可能在幼儿园里遇到了很多不开心的事，可能在某个游戏当中体验了失败，也可能与小朋友发生了冲突，或者被老师批评了。这个时候，你是如何回应他的呢？你是用到了同理心，让孩子既能感觉被理解，同时又能获得现实的支持，还是用了相反的方法，雪上加霜，不断打击孩子？越打击，孩子的心理弹性就越弱。

有没有什么时候，我们本来是想让孩子更坚强的，可是事实上却让他们更脆弱了？

比如，经常有爸爸妈妈抱怨和指责孩子，说："一点都输不起，真娇气！"可是反过来看，为什么孩子会输不起、害怕失败呢？有没有可能是父母经常拿他跟别人比，或者给了太多不切实际的赞美，所以滋长了孩子的虚荣心？

事实上，每个人都希望自己被喜欢、被爱，这是任何一个健康的、正常发展的人的正常心理需要。只要我们能够帮助孩子掌握向目标努力的正确方法，肯定孩子哪怕很微小的一点点进步，让孩子在大的失败中也能肯定自己的努力付出，孩子就不再会因为失败而感到羞耻。

我们可以试着说："是的，你很希望能够赢得这场比赛，你很希望自己表现棒棒的。"当我们这么说的时候，我们已经给了孩子的正常需要一个合理的安放空间，接着才能得到更多去帮助和支持孩子的机会。

还记得我们之前谈到的同理心的"五部曲"吗？先处理情绪，再给他支持和方法。要做到这一点，父母必须要回过头来检视自己的内心，问问自己：是不是也同样怕失败？在人生的很多境遇当中，自己的内心是不是也同样紧张、压力巨大呢？

如果父母给孩子提供了负面的榜样，在不经意间将"成功才有价值"这样的观念传递给了孩子，那么无论我们怎么做，都只是徒劳。

当我们放下自己内心的某些不合理的期待，我们就有机会回过头去检视日常生活的每一个细小环节，从中发现帮助自己和孩子养成良好心理弹性的机会。

在过去的五六年里，越来越多的父母开始意识到孩子具有抗挫力很重要，于是，有人开始用一些急功近利的方法，比如强硬地把孩子放到一个看上去充满挑战、压力和困难的环境当中，希望孩子经受这些人生压力后就能够获得很好的复原力。在这个过程里，作秀的成分可能会大于成长。相反，如果我们能够用心读一读绘本《勇气》，你会发现日常生活的点点滴滴才是孩子真正成长的基石。

勇气有很多种，有的令人敬畏，有的平平常常。

总之，不管哪一种——勇气就是勇气。

勇气，是你第一次骑车不用安全轮。

勇气，是去参加智力竞赛，而且你的题目是"曌"字怎么读。

勇气，是你有两块糖，却能留下一块到第二天。

勇气，是到了开饭时间还拼命巴望着在"真"肉汤里还能有"真"肉块。

勇气，是让别人最好离你的小弟弟远一点。

勇气，是晚上由你负责查看房间里的动静。

勇气，是刚搬到新地方，你大声地说："嗨，我的名字叫伟利，你们呢？"

勇气，是吃蔬菜时不做鬼脸，先尝尝再说。

勇气，是读侦探小说时不先翻到最后几页，偷看"到底是谁干的"。

勇气，是和别人吵架后你先去讲和。

勇气，是故意踩人行道的缝隙。

……

勇气，是爱它，却不摘它。

勇气，是不开灯就上床睡觉。

勇气，是你决定去理个发。

……

勇气，是小草从冰雪下破土而出。

勇气，是从头开始。

......

勇气，是必要时说声再见。

勇气，是我们相互给予的东西。

看到这些文字，就像看到一对非常有爱心、细腻、很了解孩子的爸爸妈妈，他们愿意去关注孩子生活当中发生的任何一个细小事件，并且在这些事件当中找到鼓励孩子的真实内容。

不要小看这些细小的肯定，在这些细小的鼓励、肯定和彼此的认同当中，孩子们慢慢会知道自己就是一个有勇气的孩子。即使不去经受更大的挑战，即使人生永远都很平安，没有更多的风浪，孩子仍然会觉得自己是有力量的，而不是一定要用极端的方法才能够获得更大的突破。

勇气，还包括坦然面对和接纳自己身体的各种变化，同时尊重自己和他人的身体主权，不把暴力当勇气，不做危险的事情。身体的安全感与心理的安全感息息相关，而身体安全感的建立，不仅仅需要鼓励，还需要及时有效的支持与指导。

在大家所熟悉的马斯洛需求层次理论里，生理的需要列在第一位。生理是心理的物质载体，而且比心理更容易引起爸爸妈妈的重视，所以很多父母自觉地担当起育儿营养师的角色：孩子还没有出生，奶粉就已经选好；6个月不到，已经收藏了一大堆辅食食谱；"二抬三翻六坐七滚，八爬九立一会走"的发展规律烂熟于心；1~4岁的身高体重指标记得比专家还牢……不过，绝大多数父母不知道：就像允许孩子充分享受满地爬的乐趣很重要一样，孩子到了六七岁时，充分理解和安抚他们换牙期的身心焦虑也同样重要。

谈到换牙，父母大多数时候关注的都是孩子的恒牙长得好不好，却很少想到：对孩子来说，这可是自己经历的第一件人生大事！第一颗乳牙脱落前后，孩子会变得莫名地烦躁，即使是性格温顺的孩子，也会突然出现情绪波动，内心感到不安和恐惧。圆子掉牙的那天，突然要"妈妈抱"，要"软软的枕头"和妈妈唱"小时候的歌"，要小时候的玩具，好像在"缅怀"和告别自己的婴幼儿期。而我知道，这是因为突如其来的身体变化让6岁的她的安全感受到了挑战。我抱着她轻柔地唱"袋鼠妈妈有个袋袋，袋袋里面装着乖乖，乖乖和妈妈相亲又相爱"，跟她讲自己小时候换牙的经历，肯定地告诉她换牙时出点血"不会死"，恭喜她又长大了一些，然后跟她一起郑重其事地将换下的乳牙消毒、用棉花和锡箔纸包好，放进刻着她名字的牙盒里，再写上这颗牙齿萌出和掉落的时间……圆子的恐惧和不安渐渐被满足和自豪代替，而我则感谢她给了我共同参与她人生大事件的机会，让我得以重温自己的成长，清晰地看见换牙期儿童的身心变化过程。

亲爱的你，会不会觉得我有些小题大做呢？其实，一些西方国家很早就重视这个问题了，所以才会有专门的"牙仙子"故事：有一个仙女专门收集小孩子换牙时掉落的牙齿，小孩子把自己掉的牙齿放在自己的枕头下面，还会得到礼物。这样的"礼物"将恐惧变成了期待和庆贺，原本被挑战的安全感自然又稳稳当当地延续下去了。

就像前面提到的那样，我很欣赏华德福教育中对于"换牙期"的重视。以换牙作为孩子进入小学的时间标准，对孩子身心发展的节奏有着非常好的保护作用，不打乱孩子自身的节奏，帮助他们发展出足够的勇气来面对成长，这正是安全感建立和维护的重要手段之一。

同样，青春期的孩子处于生理变化阶段，他们需要的也是父母有效的支持和引导，而非评判和担忧。在我们这些"过来人"看来再平凡不过的事情，对孩子来说，其实都是"头一次"。有勇气和方法应对，孩子将会更加自信乐观。

　　谈到勇气和与身体有关的安全感，不得不提到的另一个话题是：不要动手打孩子。在这一点上，无论专家还是父母本身，观点从来都没有统一过。有人说"三天不打，上房揭瓦""打他是为了让他有所'敬畏'"……而我说："以打的方式教育孩子，得到的最终只能是'畏'而不是'敬'。因为，打孩子本身，就已经完全背离了对生命的'敬'，背后的潜台词是'你的身体不值得尊敬''你身体的主权在我不在你'。"试想，这样长大的孩子，又如何能够学会对他人、他物心生"敬畏"呢？拳头下长大的孩子，学会的同样是"拳拳相报"——如果这个拳头无力指向他人，最终一定会指向他们自己。

　　在我看来，相比父母的拳脚，使用得当的"戒尺"，其实才是较为合适的帮助孩子敬畏规则的教育工具。所以，如果你实在觉得家里的"神兽"需要好好教训一下，而又不想破坏他／她的内在安全感的话，不妨备一把戒尺在家中。不过，使用之前，你需要先好好向古代先哲们学习如何使用它，才可以真的达到育儿的目的，而不是让它变成伤害孩子身心的"凶器"。

　　说到戒尺，特别想跟大家分享一个我珍藏于心的宝贵瞬间。几年前，我带父母去阆中古城游玩，母亲看到集市上有人卖戒尺，觉得很有趣，就拿起来学着旧时教书先生的模样，假装打父亲的手板心。小时候读过私塾的父亲，一边乖乖地配合，一边笑眯眯地说："先生，你打错了哦，应该打左手。"那个当下，我既幸福又感动：幸福的是父母之间温暖顽皮的互动，感动的则是原来以前的教书先生在严厉训诫的同时，还那么注重从细节上保护孩子而不是伤害他们。

在早期的一篇文章里，我引用过一个佛陀的故事——《真正强大的人，懂得治疗伤痛、创造生命》：

佛陀在山上遇到了歹徒阿格利玛。阿格利玛杀人不眨眼，当然也不打算放过佛陀："都说你法力无边，现在看来也不过如此。我今天要砍了你的头，让大家知道咱俩谁更强大。"

"死之前，我有一个心愿。"佛陀指着身边的桃树说，"请砍下这根树枝。"

"那太容易了。"剑起枝落，阿格利玛把开满桃花的树枝丢给佛陀，"还有什么要说的？"

"我还有另一个愿望，"佛陀怜惜地拾起桃树枝，"现在请让它长回去。"

阿格利玛大笑："你这个疯子，世上谁能把砍下来的树枝接回去呢？"

"可怜的人啊，"佛陀回答，"你认为自己很强大，因为你能轻易伤害生命。但破坏与摧残是最容易做的事，连小孩子都会。只有真正强大的人，才懂得如何治疗伤痛，创造生命。"

很希望看完这个故事的你能够意识到：作为父母，我们唯有用真正的强大，才能唤醒孩子内心真实的勇气，让他们无论经历怎样的境遇，都能有足够的心理弹性保持敬畏之心——对他人、对自己。

所以，如果想要帮助孩子更好地培养和提升心理弹性，我们可以做的是：真实而不过度地赞赏；给孩子充分的信任和空间，不过度监视孩子的行为；不要尝试为孩子解决每一个问题，或者避免可能发生的每一个失败，让孩子在自然的体验当中，逐渐了解和发展出自己的应对方法——前提是父母已经帮助孩子了解了明确的安全和道德界限，为孩子呈现了自己积极面对失败的良好示范。

希望你会和我一样喜欢《勇气》这个绘本，并且找来跟孩子一起细细品读，然后问问孩子和自己："在我来看，什么是勇气呢？"

下面这五个方面，可以帮助大家在未来的生活中指导孩子更好地提升心理弹性。

第一个方面，如果你想要了解孩子目前的心理弹性状况，可以问下面这些问题，帮助自己更好地评估，同时也了解从哪个角度切入才能够给予孩子支持。

比如，如果最近换了老师，爸爸妈妈要记得及时跟孩子聊一聊新老师，问问孩子："新老师来了之后，你有什么感觉？你觉得可以跟新老师讲心里话或一起玩耍吗？"

另外，可以问孩子："平时觉得谁是最关心你的人，从哪些人那里可以得到自己想要的温暖感觉？"然后还可以跟孩子探讨："有没有碰到过什么爸爸妈妈不知道的困难和挫折？有没有经历过爸爸妈妈不知道的失败？这些时候你都是怎么过来的呢？"从这个话题当中找到孩子的勇气，提取他已经具备的"弹性小种子"，继而加以鼓励和指引。

同时，也要跟孩子谈一谈："最近有没有什么样的压力或者担心？不开心或者生气的时候你会怎么做？你觉得谁能帮你？你又希望爸爸妈妈为你做些什么呢？"

除此之外，要想让孩子和每一位家庭成员都能够在有良好归属感的环境当中获得更好的心理弹性和成长，我们可以先从一种关系入手。也就是说，在家人和其他人之间保持良好的支持性关系。这种关系可以创造爱和信任，能够使家庭中的每一个角色都有充分的发展和认同，彼此鼓励，相互安心。

第二个方面，全家人可以一起制订一个能力提升计划，并且着力实现。比如孩子下跳棋的时候输了，父母可以跟孩子一起讨论战胜对方的策略，同时分解目标，哪怕是从输5步变成输4步，也是一种进步。帮助孩子建立切实可行的小目标，并且一小步一小步地协助他去达成。每达成一个，就给予孩子一个真实而不过分的鼓励，让孩子不断获得小的成就感，进而聚集勇气，坚信自己有能力去实现更大的目标。

第三个方面，培养积极的自我观念。家人之间可以轮番开展"戴高帽子"（表扬与自我表扬）和"挑刺儿"（批评与自我批评）的游戏，让孩子逐渐养成"宠辱不惊"的良好心态，不再依赖单次的成败和他人的褒贬来评价自己。

第四个方面，可以着力培养沟通和解决问题的技能。

第五个方面，要培养的是控制冲动和强烈情绪的力量。

在"林紫妈妈花园"的学习群里，有一位很棒的爸爸，他有两个儿子。爸爸本身很喜欢踢足球，有了两个儿子之后，他就像有了两个小队友一样，在孩子很小的时候，无论刮风下雨都会跟孩子一起踢球。足球变成了父子三人共同的爱好，在踢球的过程中，爸爸虽然没有刻意去培养孩子某一方面的能力，但是孩子的重要心理品质（包括心理弹性在内）却正在一一养成。

如果爸爸妈妈是生活的有心人，当爸爸妈妈能够高品质陪伴孩子的时候，这种专注的陪伴和高品质的亲子关系，对孩子一生心理弹性的提升，都将产生非常重要而积极的影响。

用心的爸爸妈妈一定也会有很多自己的创意，根据孩子的不同性格、年龄阶段、喜好等，可以创造出许多生动有趣而不刻板教条的好方法。

比如在圆子的成长过程当中，有几件事给我留下了深刻的印象。

　　有一次圆子回来跟我讲:"妈妈，今天幼儿园里有一个活动，老师说，××是第二个第一名，××是第五个第一名……"很感谢这位有心的老师，用这样的方法告诉每个孩子:只要他尽力了，对他自己来说，他就是那个最棒的第一名。

　　后来，圆子自己制作了一本关于恐龙比赛的书——恐龙世界举行"比比谁最强壮"大赛，后来霸王龙被大家公选出来，说他应该是最强大的。故事的最后，圆子总结说:"其实你们每个恐龙都是最棒的!"

　　所以，我们成年人的态度一直都在潜移默化地影响着孩子。我们对待人生的方式、我们的价值观、我们对于生活美好部分的感知能力……对孩子来讲都至关重要。

　　当圆子带领一家三代人同时唱起歌曲《隐形的翅膀》的时候，我们真的觉得心在飞翔，跟她一起飞翔在人生每一段曼妙风景中。

　　愿你也找到能和孩子一起飞翔的翅膀。

第四章

父母安全感重建,

让我们与孩子一起从容成长

每一个关键词都是环环相扣的，串联起一条我们和孩子的生命线索。把握好这条线索上的每个关键点，人生才会建立起真正的内在安全感。

　　十个关键词分享完了，在开始本章听起来有点"高大上"的内容之前，让我们再一起坐回小王子的机舱，低空盘旋，回顾一下我们一起经历了哪些成长——

　　"学前班"里，我们一起学会养成系统的养育观。同样，我们也学会了解每一位妈妈、每一个孩子、每一件事情都可能伴随着部分的遗憾，带着不完美的美，一起向前。

　　有了"学前班"的学习之后。我们进入了第一个关键词"依恋关系"的探讨。随着对依恋关系的深入了解，大家开始明白第二个关键词"安全感"的建立，对于孩子的成长以及孩子的一生来说有多么的重要。

　　第三个关键词是"情绪性记忆"。我们在这一章节里提到：对孩子来说，与其过早地让他／她去记忆很多陈述性的知识，不如尝试更好地帮助孩子去建立美好正向的情绪性记忆，通过对情绪性记忆的了解和与它的互动，使孩子始终保持对世界、对自己、对他人的好奇心。带着这样的好奇心，能够形成更有力量的、面对世界的能力。

　　第四个关键词是"家庭系统"。在这一章节里，我们完整地了解了：在一个家庭中，如果孤立地来看孩子的问题或者父母的问题，就无法更好地帮我们达成目标。相反，如果我们了解每一个家庭成员互相支持、互相作用，了解任何一个点上出现的状况都可以放到系统当中加以观察，我们也就知道如何使这个系统更健康地运转了。

我们一起探讨的第五个关键词是"冲突应对"。不论是在亲密关系当中，还是在孩子逐渐面对的更多复杂社会关系里，冲突在所难免。同时，冲突的存在并不意味着关系出现了危机或者不健康。形成健康的应对方式，对提升孩子未来的社会适应能力有着至关重要的作用。

第六个关键词是"自我认同"。在这个章节里我们探讨了如何帮助孩子对自己形成正向的了解，帮助他们确立自信心。而前提和基础在于：我们作为父母，需要建立起较好的自我认同，同时在家庭当中我们要学会彼此支持和帮助。

第七个关键词是"情商"。通过这个章节的探讨，大家会越来越多地了解如何帮助孩子提升情商，帮助他们拥有更高品质的人生。

第八个关键词是"社会适应"。在这个章节里，我们特别探讨了内、外向的孩子，看到无论哪一种性格、哪一种特质的孩子，都有他的优势和可以成长的空间，所以当我们放下标签、摘掉有色眼镜来看待孩子的时候，我们会知道：了解孩子的不同特征、给予他们更好的成长支持和指导，每一种性格的孩子都能够发展出良好的社会适应能力。

第九个关键词是"归属感"。归属感对一个孩子的心理健康有着至关重要的作用，同时，在有归属感的群体当中，孩子的创造能力也是最棒的。

第十个关键词，叫作"心理弹性"。心理弹性与归属感息息相关，决定了孩子将来面对人生不确定性的能力。父母的心理弹性越好，孩子所获得的成长养分就越多，也就越有可能展翅飞翔。

回过头去看，我们所讲的每一个关键词都是环环相扣的，串联起一条我们和孩子的生命线索。把握好这条线索上的每个关键点，人生才会建立起真正的内在安全感。

本书中，我选了几个章节，将参加过"父母学点心理学"微课的爸爸妈妈的作业摘选出来，在其中跟大家分享。虽然每次课程后，绝大部分作业内容让人伤感——包括我们的小秘书、小助手都被感动得落泪，但我们相信，这些伤感、不容易的背后，每一个人的心灵花园正在被打理清洁，重新开枝散叶，生命正在得以重建。所以带着这种伤感，我们完成它，并且分享出来，生命就可以继续向前，我们将这样的向前叫作成长。我们已经开始了自我觉察，而这个觉察本身，正好可以解答大家关于如何避免将原生家庭的伤害遗传和复制到孩子身上的困惑。

感谢每一位分享自己宝贵的生命历程和成长故事的朋友，感谢"林紫妈妈花园"的每一位妈妈——因为有你们，世界更安全。

读到这里，你会发现，这是一本不一样的"育儿"书，通篇所讲的，既是孩子的成长，更是父母的成长。就像我最初所说的那样，只有父母的安全感得以修复和重建，孩子才可能获得真正的内在安全感。

从2016年开始写作《给孩子一生的安全感》至今，已经过去6年了。6年的时间里，这本书见证了许多父母和孩子的共同成长，也见证了许多二宝、三宝从容美好的诞生。在我即将完成本书的修订时，第一章里提到的那位自发组织读书会的妈妈，又从遥远而美丽的海边城市"云中遥寄锦书来"，为大家送上了几位妈妈的读书心得、成长故事和真诚祝福。我摘选了其中两段，将这些来自心灵的珍贵文字收藏在这里，也收藏在我的心中。如果人类终极内在安全感的建立，就像在浩渺的人性寰宇中建一座温暖"小屋"的话，我愿和这些妈妈以及读到此处的你一起——

慢慢行走，其义自现。

感恩每一位彼此见证、相互陪伴的朋友，祝福孩子，祝福我们自己。

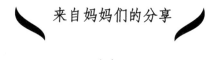

来自妈妈们的分享

分享一

尚可转弯时，遇见这本书

婷婷

从大葛老师那里得知林紫老师《给孩子一生的安全感》一书即将再版时，一股暖流莫名涌上心头。这些年，跟随读书会的妈妈们一起，将这本书反复读了很多次，而每一次读，我的感受都不尽相同。乃至今天，再与身边友人提起"安全感"一词时，书中"十个心理关键词"及林紫老师与女儿小圆子互动时慈爱柔软的眼神，便总会像温暖的灯光一样，瞬间将我的头脑和心灵照亮。

这些年，我始终牢记林紫老师说的："只有

父母不断学习和成长，才能从源头开始，使孩子的生命之河更加清澈。"

曾经的我，也一直苦苦向外寻找："这孩子为什么这么胆小，为什么一丁点的挑战都不敢尝试？为什么被欺负了就知道哭？哭有什么用……"种种不满和抱怨，常常把我的心占满，又变成射向孩子的利箭，想要逼她"向前"。然而，不当的教育方式终会引来反弹，终有一天，孩子的强烈反应给了我当头一棒，打得我都愣住了。所幸，在还来得及转弯时，我遇到了读书会，也遇到了林紫老师的《给孩子一生的安全感》。我们开始向内观，重新审视自己的"安全感"。如林紫老师在书中所说的"如果要弄明白我们的孩子，我们必须弄清楚这个世界上最重要的一个人——我们自己"，孩子的每一个"今天"都隐含着我们忽略的"过去"。

"依恋关系、安全感、情绪性记忆、家庭系统、冲突应对、自我认同、情商、社会适应、归属感、心理弹性"——林紫老师用这十个关键词编织了一张安全过滤网，让每一位父母得以重新检查并修补我们自己内心的心理安全网。当我清楚地看到并反思自己的种种"不安"时，我才真正走近了孩子，意识到曾经自己对孩子的那些"不满"有多么荒唐。

谢谢林紫老师的《给孩子一生的安全感》来到我身边，祝福更多的爸爸妈妈能在"尚可转弯时"遇到这本书。大家一起携手向前，找到问题源头之时也是问题化解之时。搭建好自己的安全之网，才能给予孩子一生的安全感，愿我们因这份提升"安全感"的努力，让这个世界变得更美好！

分享二

感恩父母，我很安全

两个孩子的妈妈

很多人说："一胎当宝养，二胎当猪养。"

第一个孩子出生时，没有人教我怎么做，我只是无意识地把自己的成长经历和感受复制给了我的孩子。值得庆幸的是，我这个"原件"

还不错。但最幸运的是，再次怀孕期间我遇到了这本书。

因为这本书，我知道了依恋关系和安全感建立的重要性，也学会了具体该怎么做。所以，从二宝出生那一刻，我下了手术台后，就一直陪在她身边，忍着剖官产的痛，把她抱在怀里让她吸吮母乳，哪怕丈夫不理解我。在随后的养育中，我也开始践行书中林紫老师提到的方法：在孩子哭的时候、害怕的时候、需要我的时候，我都会放下手上的一切，即刻给她拥抱，满足她吸吮的需求，尽可能让她感受到我的温暖、关注和爱。如今快1岁的二宝，既能跟我们亲密互动，又能在我们偶尔离开时很快从哭闹中恢复平静，享受自己独自玩耍的时刻；再看到我们时，她又会甜甜地笑着扑过来——十足一个安全型宝宝。

与二宝相比，大宝今年已经8岁，可能错过了培养安全感的最佳年龄阶段，但是我相信林紫老师说的话——只要我们带着智慧，用心地读懂孩子成长的每个重要瞬间，是可以帮助孩子重新建立安全感的。当我用从书中学到的知识去解读大宝的某些"迷惑行为"时，我总是可以更好和更准确地理解孩子行为背后的真正原因，同时给她正确的反馈和需求的满足——这种感觉，让我觉得自己和宝宝们都棒棒的！

最想说的是，读了这本书后，我更懂也更爱我的父母了——回看我的成长过程，尽管父母没有在他们年轻的年代遇到林紫老师的书，但至少可以肯定的是：他们尽了作为父母的职责，在他们的能力范围内给予了我足够的物质保障和心灵关爱，满足了我的需求。同时，他们也在无意之中锻炼了我的心理弹性，让我在应对人生中很多的挫折挑战时，更有力量去面对和承担。父母就是我的镜子，在我的孩子身上，我也看到了我的影子，而且我还做了更多的改善。

就像林紫老师所说："没有完美的孩子，也没有完美的父母。"虽然我的父母不完美，但读完书后，我特别特别想感谢他们，感谢他们不仅给了我生命，还给了我受益一生的生命大礼——安全感；同时，我还可以用我的人生更好地诠释和解读，继续把这份生命大礼给到我的两个孩子……

特别感谢大葛老师的妈妈读书会，我意识到：妈妈的成长对于家庭而言是何其重要的一件事！非常感恩，在我们的成长书单里能遇到林紫老师《给孩子一生的安全感》这本书，让我真正认识和了解了"安全感"这三个简单而有力的字，也让我更爱父母、老公、孩子、我自己。如果不是读书会，大概我这辈子都读不到这么好的一本书，永远都不会知道安全感的建立，对于一个人一生的影响是如此深远。

每个孩子都是造物主派来拯救我们的天使。希望更多的父母，可以用心感受到这本书带给我们的感动。用心去了解孩子，在与孩子共同成长的每个时刻，治愈我们自己吧！

写在最后

如果你像上面的两位妈妈一样，读过第1版《给孩子一生的安全感》，你可能还记得，我在最后讲了一个自己非常喜欢的禅宗小故事：《虚空若能锁得住，再来拿我金碧峰》。这一次，我将这个故事放进了我的新书《生命教育7堂课》里，希望它能启迪更多的人了解生命的真谛，充满智慧地活出生命的热情。期待在那里，再次遇见你。

同时，我也想将第1版里的最后几句话，再次保留在这里，与大家一起沐浴智慧、向阳而鸣——

假如把人生种种可能破坏我们安全感的麻烦，看作去捉拿金碧峰大和尚的"小鬼"的话，我们就会发现：

除非我们自己愿意，否则"铁链"又如何能锁住"虚空"呢？

我们被铁链锁住，常常是因为心中的"贪恋"——贪恋职务，所以宁愿放弃自己最想做的事情；贪恋财富，所以没有时间陪伴最重要的家人；贪恋荣誉，所以为重名所缚；贪恋情感，所以走不出对方变心带来的伤痛；贪恋成功，所以牺牲健康负重向前……

如果我们如此容易被"锁"，那就日日患得患失、诚惶诚恐。而我们本就内心不安，又如何带给孩子内在充足的安全感呢？

　　所以，也许我们真的要向孩子学习，活在当下、爱而不贪。

　　爱而不贪，才可以让我们在过好日常生活的同时，建立起自己的界限，把握尺度和平衡，享受"紫金钵"带来的欢愉，但又不被它们拖累。

　　要做到这一点，只需要为我们的生命重新定位和规划路线，确认我们所努力的方向和我们的目标一致，确认"初心"犹在，尚未偏航。

　　世间美好，因为你在，我在，大家在。

林紫

2021年10月22日初稿

2022年12月4日修订

图书在版编目（CIP）数据

给孩子一生的安全感 / 林紫著 . 一上海：上海三
联书店，2023.1
（父母心理通识课）
ISBN 978-7-5426-7769-3

Ⅰ . ①给… Ⅱ . ①林… Ⅲ . ①心理健康 - 家庭教育
Ⅳ . ① G479 ② G78

中国版本图书馆 CIP 数据核字 (2022) 第 128649 号

给孩子一生的安全感

著　　者　林　紫
总 策 划　李　娟
策划编辑　张碧英
责任编辑　杜　鹃
营销编辑　张　妍　都有容　孙　倩
装帧设计　潘振宇
封面插画　芊　袆
监　　制　姚　军
责任校对　王凌霄

出版发行　上海三联书店
　　　　　　（200030）中国上海市漕溪北路331号 A 座 6 楼
邮　　箱　sdxsanlian@sina.com
邮购电话　021-22895540
印　　刷　河北鹏润印刷有限公司

版　　次　2023年1月第1版
印　　次　2023年1月第1次印刷
开　　本　787mm×1092mm　1/32
字　　数　181千字
印　　张　11.75
书　　号　ISBN 978-7-5426-7769-3/G·1641
定　　价　59.00元

敬启读者，如发现本书有印装质量问题，请与印刷厂联系18911886509

人啊，认识你自己！